セレクション社会心理学—29

自分の中の隠された心

非意識的態度の社会心理学

潮村公弘 著

サイエンス社

「セレクション社会心理学」の刊行にあたって

近年、以前にも増して人々の関心が人間の「心」へ向かっているように思えます。「心」の理解を目指す学問領域はいくつかありますが、その一つ社会心理学においては、とくに人間関係・対人関係の問題を中心にして刺激的な研究が行われ、着実にその歩みを進めています。

従来から、これらの研究を広く総合的に紹介する優れた本は出版されてきましたが、個々のトピックについてさらに理解を深めようとしたときに適切にその道案内をしてくれるシリーズはありませんでした。こうした状況を考慮し、『セレクション社会心理学』は、社会心理学やその関連領域が扱ってきた問題の中から私たちが日々の生活の中で出会う興味深い側面をセレクトし、気鋭の研究者が最新の知見に基づいて紹介することを目指して企画されました。道案内をつとめるのは、それぞれの領域の研究をリードしてきた先生方です。これまでの研究成果をわかりやすいかたちで概観し、人間の「心」について考える手がかりを与えてくれることでしょう。

自ら社会心理学の研究を志す学生の皆さんだけでなく、自己理解を深めようとしている一般の方々にとっても大いに役立つシリーズになるものと確信しています。

編集委員　安藤清志　松井　豊

はじめに

本書を手にとられた皆さんは「無意識（や非意識）」について、どのようなお考えをもっておられるでしょうか。私たちの認識や行動のすべてが意識されたものだと考えるのには無理があるといえるでしょう。気づかないうちにある思いをいだいていたとか、意識しないうちにある行動をとっていたという経験が必ずあるだろうからです。それどころか、私たちの認識や行動の多くが意識されていないものである、という主張が心理科学の世界では一般的です。

しかし、自分が意識していないがゆえに、やっかいな問題が存在しています。たとえば、あなたがまわりの人から、「あなたは無意識のうちに私のことを避けているでしょう」とか、「『自分には部長なんて分不相応です』なんて言っていたけど、本心では自分に自信満々でしょう?」などと言われたら、どのように対応したらよいものでしょうか。意識することができないわけですから、そもそも肯定も否定もしようがなく、大いに困惑してしまうことでしょう。では、私たちの中に確かに存在するであろう「無意識」について的確に考えていくためには、どうしたらよいでしょうか。そのためにはまず、「無意識」を科学的に測定することがスタートラインであるはずです。しかし、「無意識（や非意識）」を科学的に測定するということは、実は、心理学の歴史の中でも近年になってようやく可能となってきたことなのです。本書で取り上げていく測定技法とその研究成果は、この新しい心理科学の進歩を世に問うていくことになるものと考えています。

この本の目的は、大きく分けて二つあります。第一には、これまでは科学的に測定することができないとみなされてきた潜在的態度や潜在的意識ですが、その測定を可能とする新しい心理科学的技法であるＩＡＴ（Implicit Association Test、潜在的連合テスト）について紹介することです。本書は、このＩＡＴ（「アイエイティ」と読みます）がまとまった形で本格的に取り上げられた国内初の書籍となります。このＩＡＴ技法の基本的な考え方からはじめて、測定方法、測定の確からしさについて考えていきます。

第二には、ＩＡＴ技法を紹介することを通じて、私たちの潜在的態度や潜在的意識について考える機会を提供することです。ＩＡＴがどのようなことを反映しているのか、またどのようなことを説明／予測できるのかについて、具体的な心理科学の研究を取り上げて、できるだけ平易に紹介していきます。そして、具体的な研究の紹介を通して、潜在的態度・意識のはたらきや意味について考えをめぐらしていきます。さらには、非意識に関する科学的な検討というまだ始まったばかりの諸研究を通して、非意識の測定の問題や、非意識そのものに対する人間の理解をどのように進めていくことができるのか、またさらには非意識をどのように活用していくことが可能なのかについても考えをめぐらしていきたいと思います。

本書の冒頭で、まずは日本心理学会大会で実施してきた「IATワークショップ」について簡単に紹介したいと思います。このワークショップは、私が企画の中心メンバーとなって開催してきたもので、わが国におけるIAT研究をリードし推進する企画として、一定の役割を果たしてきたものと自負しています。このワークショップを始めた理由は、IAT研究の新規性や幅広い展開可能性と関連していますので、まずこのワークショップを始めようと考えた経緯について紹介します。

アメリカへのサバティカルから帰国した年の秋、日本国内の心理学系の学会大会に参加しましたが、私には国内の学会大会があまりにも「退屈」に感じられました。アメリカにいたときには海外特有の高揚感のようなものがあったためかもしれませんが、アメリカの学会のように「新しい進展が感じられる」という感覚をもつことができませんでした。所属していたバナージ先生のラボでの研究はほとんどがIAT研究で、毎週開かれるラボミーティングでも、毎回、新しい知見が紹介され、時には、新しい測定手法とその知見とが同時に紹介されていたことなども関係していたかもしれません。ラボ外での学会大会の場も、心理科学の日々の進展が強く感じられる学会大会でした。帰国直後の思いから、自分（たち）でそのための企画を立てていくべきだと考え、「進展を感じられるためのサポートになるように」と、「ＩＡＴワークショップ」を始動しました。

それからかなりの年数が経ちましたが、本書を刊行したいと考えた動機も、この学会ワークショップ開催と同一線上にあるものです。ＩＡＴという新しい心理科学技法を用いて新たな進展を、という思いです。

目　次

目　次

1●非意識の世界

●非意識とは

私たちは、自身の思考や判断や行動を、意識的に行っていると考えがちです。自分の意志決定や決断は、まわりの人からの影響という部分ももちろんあるとしても自身が考えて主体的に行っているものととらえています。

古くから「無意識」という概念の存在[1]が考えられてきましたが、これらは、科学的に

1　他にも日々の生活の中で感情の影響（たとえば、かっとなって感情的に振る舞ってしまったなど）を考えることもできます。なお、自分がコントロールすることも、また適切に把握することもできないような感情の影響というのは、現代ではあまり支持を得てはいません。

検討するような対象ではなく、またその影響力も限られたものであるととらえられてきたようです。

フロイト（S. Freud）による無意識の概念とそのはたらきについての研究は、大きな衝撃を与えたことは間違いありませんが、その研究手法や研究パラダイムは科学的な基準を満たしたものであるとはとても考えられず、一つの思想のようにとらえられてきていると考えられます。フロイトのアイデアやアプローチ法、そしてその理論の影響力には賞賛されるべき側面が存在していたものの、研究を支え、研究を積み重ねていくスタイルとしては心の科学として評価できるものではなかったといえます。

時代は進展し、現在の心の科学では、無意識・非意識の影響について科学的に研究していくことが可能となりました。それを可能としたのは、認知科学的な研究パラダイムです。なお「無意識」という言葉は、フロイトやその流れをくむ研究者たちが想定した「無意識」という特別な意味を含みもっていることから、そのようなとらえ方を避けるために、一般的に「非意識」という用語が用いられます。本書でも基本的には「非意識」という表現を用いていきますが、「無意識」という聞き慣れた言葉に置きかえて読み進めていただいても問題はありません。

さて、この認知科学的なパラダイムとはどのような研究枠組みでしょうか。これは現代の心理科学の基盤となっているといっても過言ではないような研究枠組みのことで、人を情報処理装置に見立てて考えていこうとするパラダイムの総称といえます。伝統的には、注意、記憶、学習、推論、言語理解などといった研究領域でもっとも広く用いられていて、現在では社会心理学を含む心理科学全般に適用され、心理科学を通底するとらえ方となっています。一般的に「情報処理」といえば、コンピュータ等を利用して情報の分析処理、蓄積、検索等を行うことを指していて、人が自身のまわり（環境・外界）から得られる種々の情報に対して、情報の入力、加工、判断、反応を行う存在であるとする考え方です。認知科学的なパラダイムとは、これらの総体を人間の「知」と考え、「知」のはたらきについて理解しようとする研究パラダイムを指しています。この場合の「知」は広い意味を有しており、意識的には考えないような短時間でわずかな心のはたらきをも含んでいます。たとえば、「信号の色が赤だから道を渡らない」ということは意識をせずに判断ができていたり、自宅を出るときに「鍵をかけるためにポケットからキーを取り出す」など、通常は意識することなく行っていることなども含んでいます。

かつてフロイトやユングが、そしてその流れをくむ研究者たちが提起した「無意識」（自身が意識していない心のはたらき）が、現代の心理学では科学的検証が可能となって再度脚光を浴びてきているといえます。そして近年の心理科学研究は、非意識（無意識）

がいかに多くの比率を占めているものなのか、またそれがいかに適応的な側面をも有しているのかについて次々と明らかにしてきました。

●調査手法の限界

さて、本書で検討対象としている潜在的態度・潜在的意識について考えていくことにしましょう。態度と意識は、研究者や研究領域によってその用い方は異なっていますが、広くはほぼ同義の言葉として考えていくことができると思われます。そのため、以降では「潜在的態度」という表現を主として用いることにしたいと思います。この潜在的態度の定義[2]としては、「自身が自ら認識することができない」態度であるという定義づけがなされています。ということは、典型的な心理テストである尺度評定式のテストでは、自分自身が意識的に考えて回答を記入することから、そもそも潜在的態度を測定することはで

2　潜在的であることについての定義は、グリーンワルドとバナージ（一九九五）によるものが一般的です。潜在的な態度とは、「対象に関わりを有する過去経験の痕跡であり、内観によって同定できない（あるいは正確に同定することはできない）痕跡のこと」と定義されます。

きないということになります。次節において詳しく記すように、典型的な心理テストで測ることができる側面というのは、人々の意識や認識の中で限られた側面であると考えられます。

また、心理学は哲学から派生して形成されてきた学問領域ですが、哲学においても意識していない（あるいは無意識の）意識や認識が存在しているということは繰返し言及されてきました。それらは、方法論的には思弁（speculation）と呼ばれている手法に属するもので、科学的な要件を備えた研究手法とは立場が大きく異なるものです。

哲学や文学といったようなさまざまな人文学（Humanities）において、自身が知ることができる意識的な領域とは別に、非意識／潜在意識といった対象領域が存在しているであろうことや、その機能についてのさまざまな考察が、歴史的にみても、人類の知的遺産の中で大きな貢献をしてきたと考えられます。

しかし、この非意識／潜在意識を、科学的な方法で測定し得る手法はこれまでに開発されてきませんでした。そのような心理科学の歴史の中で、科学的に潜在的態度を測定することが可能であるとし、現在の心理科学において多くの第一線の研究者によって採用されている手法がＩＡＴ（Implicit Association Test、潜在的連合テスト）なのです[3]。

ただし、ここで強調して指摘しておきたいことは、ＩＡＴが他の方法よりもいずれの点においても優れているということではありません。典型的な心理テストで使用されているような顕在的測度と、ＩＡＴのような潜在的測度とは相補的な関係にあり、いずれか一方のみで心を適切に測ることはできないということも伝えたいのです。長い心理科学の歴史の中でも、これまでは科学的に説得力をもって測定することができず、また科学的に検証する方法がなかった潜在的態度（潜在的意識）について、このＩＡＴという測定法が新たに大きな貢献をすることができる、ということが本書で主張したいことなのです。

さて、心を測定する際、一般的には、アンケート調査、質問紙調査、社会調査といった呼称で呼ばれている測定技法（調査法）によって、人々の態度や意識が測定されています。これらの測定技法では、基本的に、自分の態度や、意識、価値観について、質問項目が用意され、その質問に対して与えられた選択肢の中から自分自身でもっともよくあてはまると思う選択肢を回答します。さまざまなバリエーションがありますが、一般的には四〜七つ程度の選択肢から、自分の考えにもっともよくあてはまる選択肢一つを選ぶように求め

3　先端的な心理学の研究においては、このＩＡＴに対する批判や改善すべき点についての指摘も当然のことながら寄せられています。グリーンワルド教授のホームページをのぞくと、この点についての最先端の議論を知ることができます。

られる形式のものが用いられています。このようなタイプの回答尺度は、開発者の名前をとってリッカート尺度と呼ばれています。

このリッカート尺度、大変に便利で有効な測定法なのですが、大きな限界もかかえています。たとえば、次のような設問に対して、あなたはどのように答えるか考えてみてください。なおここでは、既存のリッカートタイプ形式の具体的尺度を批判したいわけではないため、架空の項目例を取り上げます。

問「私は、まわりの人に対する配慮がいつもよくできている」

この項目に対して、たとえば「とてもよくできている」と回答した場合、そしてとくにその回答が他者からも知られる場合や、その回答を他者に表明する場合に、そのように回答した人に対してまわりの人たちは、その人のことを「確かにその通りだ」と受け取るでしょうか。むしろ、「この人自身はまわりの人に対する配慮ができている人だと思っているのかもしれないが、実際にはそれとはかなりかけ離れてしまっている人なのではないか?」と疑義的に考えることが多いのではないでしょうか。

この問いかけ（設問）の内容は、社会心理学分野で著名な概念である「セルフ・モニタリング特性」に関連するような内容です。ただし、セルフ・モニタリング特性を測定するための尺度項目そのものではありません。セルフ・モニタリング特性とは、他者からの期待を敏感に察知してその期待にあわせて行動することができる特性であり、スキル（技能）の高さといったものをあらわしています。したがって、先の設問（「私は、まわりの人に対する配慮がいつもよくできている」）に対して肯定することは他者から否定的な評価を得ることになると察知できて、「とてもよくできている」とは回答しないはずなのです。逆にいえば、「とてもよくできている」と回答してしまう人は、他者からのフィードバックや評価に鈍感な人であり、セルフ・モニタリング特性の低い人であるというパラドックスが存在してしまいます。このことは、セルフ・モニタリング尺度が、自己回答・自己報告形式で使用される場合に、ある種の大きな限界を有していることをあらわしています。

これは、セルフ・モニタリング尺度だけがかかえている問題ではなくて、自己回答形式での質問スタイル全体がかかえている限界であるといえます。しかし、そうだからといって、この自己回答形式のすべてが悪いとか、自己回答形式はまったくあてにならないものだといっているのでもないことも述べておかなければなりません。自己回答形式には、回答者自身が表出したいと考えている姿勢や立場を測定できるという意味があるのです。

さて、自己回答形式という手法がかかえているこの大きな限界に対する解決策の一つが、潜在的社会的認知測度であるともいえます。将来、よりよい新たな測度が見出されることもあり得るでしょうが、現在、私たちが手にしている測度としては、このIAT以上に優れているものはないと考えられます。

その理由としては、第一に比較的簡便に測定ができることです。簡便な測定が可能であるということは、理論上は必須の要件ではありませんが、現実社会の中で機能している私たちの心について検証を進めていくためには、かなりの程度、望ましい側面です。また第二に、測度としての信頼性・妥当性の点で、潜在的測度の中ではもっとも良好なものであることが示されている（ボッソンたち 二〇〇〇）ということを指摘できます。このことはさらには、回答者の「個人差」をも測定できることにつながります。

●潜在的認知とは

何をもって潜在的とみなすのかということは、単純なことのようにみえて実はかなり複雑な問題です。この議論はかなり複雑なものになりますので、ここではわかりやすく次の二つの要素から考えていくことにしましょう。

第一には、「自身が、意図的に（意識的に）結果を変えることができない」ということです。たとえば、通常、質問紙調査で用いられる尺度評定では、自分を意図的に偽って回答することができます。たとえば、自分は攻撃的な人間だと思っていたとしても、「性格は穏和ですか？」との問いかけに、〝とても穏和〟と回答することもできます。しかし、潜在的測度では、このように反応を意図的に変容させることができないことが求められます。このことこそが、顕在的指標と比較した場合の潜在的指標の優れた点と考えられます。

第二に、得られた反応は、これから説明を加えていく認知科学的な考え方（モデル）と一貫して、心的構造としての知識構造を直接的に反映したものであることが求められます。ここでいう知識構造とは、概念間の意味的な結びつきのことで、私たちの意識やパーソナリティや行動傾向の基礎となっているものです。

先に、現代の心理学では非意識（潜在的態度）は科学的に測定できると述べました。一昔前の心理学ではそれは難しい課題でしたので、かつて心理学を学んだことのある人にとっては驚かれることかもしれません。

最先端の心理科学では、一九八〇年代後半にはこのことは実現されていました。その測定のためには厳密に統制された実験手続きと実験室環境が必要でしたが、確かに非意識を科学的にとらえることはできたのです。

厳密に統制された実験手続きと実験室環境とは、「プライミング効果」と呼ばれる実験パラダイムが遂行できるための手続きと環境とが必要でした。プライミング効果パラダイムは、必ずしも非意識を測定するためだけの方法論ではありませんが、このパラダイム上で非意識的刺激（非意識的刺激とは、意識することができないほど短い時間や少ない刺激量で提示された刺激を指します）の効果について検討することを通して、非意識を測定することが可能で、研究が精力的に行われました（たとえば、バージ 一九九四、バージとキンバリー 一九九六、グリーンワルドたち 一九八九）。また、このプライミング効果パラダイムを、社会心理学的な（認知社会心理学的な）領域に適用した代表的な研究としてデヴァイン（一九八九）があります。これらの研究について紹介していくためには、その前提となっている考え方について説明する必要がありますので、次項からその説明をしていきたいと思います。

なおこれらの諸技法に比して、本書で主として取り上げるＩＡＴパラダイムの優れた点は以下の二つに集約できるでしょう。

一つには、測定課題を実施する上での実験環境の制約がはるかに少ないことです。プライミング効果パラダイムでは、厳密な実験室環境と、実施手続き、そして数十分から一時間弱程度にまで及ぶ時間が必要とされます。しかし、ＩＡＴパラダイムでは、実験室環境と実験手続きについてはるかに少ない制約の下で実施可能です。パーソナル・コンピュータがあり、その前に五分から一〇分程度着席して課題に取り組むことができれば基本的には十分です。課題も簡便で、子どもから大人まで実施できます。なお後の章で論じますが、パーソナル・コンピュータを用いない方法も存在しています。

二つ目は、非意識（潜在的態度）の個人差にも注目し、個人差を測る測度としての有用性も主張していることです。第一の実施上の観点からの制約の少なさも実際上は重要な点ですが、この第二の点は測定の原理上、さらに重要な点です。詳しくは改めて節を立てて扱っていきます。

それでは、「プライミング効果」について考えていくために、その基礎となる諸原理について説明していきましょう。

意味記憶ネットワーク

まずは「意味記憶ネットワーク」です。これは心理学の中では比較的古くから存在している認知モデルで、コリンズとロフタス（一九七五）にもとづいています。

「連想が生じる」という日常語にあらわされるように、特定の単語や概念間には連想的に想起されるものがあることは体験的に理解してもらえるでしょう。心理学の専門用語ではこの連想の程度を「連想価」と呼んで実証的に扱ってきました。この連想価とは、あるかないかの二値的で離散的なものではなく、連続的な程度をもつものです。この連想の程度を、多くの人を対象にして調べた「連想価」表が日本でも以前から定式化されています。

たとえば、「赤」という語に対して、「火事」や「夕日」という概念（言葉）はたやすく連想されやすく、また多くの人にとって連想がなされやすい関係にありますが、「赤」という語から「自動車」という概念をすぐに連想する人はそれほど多くはなく、連想の程度は低いものと考えられるでしょう。このような連想の程度を定式化したものが連想価です。

それでは、この連想はどのようにして生じ、また連想価とは何をあらわしているものなのでしょうか。連想が生じるのは連想が起こるからだというのは、あまりにもシンプルなトートロジー（同義語反復）で何も説明していることになりません。なぜ連想が生じるのかを、心のはたらきから説明を組み立て、それを実証的に検証できなければなりません。

一九七〇年代ごろの心理学では、当時急速に発展を遂げていたコンピュータを模して、人間という存在を情報処理の主体ととらえて、情報が入力（知覚）され、入力された情報を処理し、処理結果を出力（表出する）という情報処理モデルが一般的なものでした。この時代の主要なモデルが「意味記憶ネットワークモデル」であり、諸概念がその連合（association）の強さに応じてリンクされていると考えられてきました。少し単純化して述べれば、連想がこのリンクを通じて伝播し、その伝播の程度は諸概念間の連想価の程度によって決まると考えられてきました。これが意味記憶ネットワークモデルの中核的考え方です。現代ではより進展したモデルが主流ですが、現代的なモデルにおいてもこの考え方に基礎があるといえると思います。

なお、なぜ記憶という言葉が含まれているのでしょうか。それは人間の経験や意識は広い意味ですべて記憶されているという考え方によるもので、記憶された内容の総体が心理学の専門用語でいうところの「知識」であり、人によって考え方や反応の仕方が異なっているのは、この記憶された知識が人によって異なっているからだと説明されます。

対人記憶のネットワークモデル

この意味記憶ネットワークモデルを、対人知覚や対人認知と呼ばれる社会心理学の研究領域に応用したモデルが、対人認知機構のネットワークモデルと呼ばれるもので、基本的な考え方は意味記憶ネットワークと同じものです。対人認知という状況を主たる対象として想定しているため、「人」と「概念（属性や行動）」の区分を考えていることと、他者に対しては好悪に関する判断が優勢であるために、ポジティブな感情領域とネガティブな感情領域を大別している点がその特徴です。

ＩＡＴについて考えていく際に、対人認知機構を主たる対象として想定したこのモデルを前提にする必要はなく、意味記憶ネットワークモデルを前提とすることで、ＩＡＴの原理について考えていくことが可能です。ただし、諸概念がポジティブな感情的価値（感情的な価値のことを、心理学の専門用語では刺激価といいます）と、ネガティブな感情的価値とに大別される傾向にあることはＩＡＴ課題について考えていく際に重要な示唆を有しています。

プライミング手続き

意味記憶ネットワークモデルと、そのネットワーク上での連想の伝播、ならびにこのモデルの発展型である、対人認知機構のネットワークモデルについて説明をしたところで、「プライミング（priming）」と呼ばれる実験パラダイムについて説明しましょう。

プライミングとは、時間的に先に提示された刺激を処理することが、後に提示される刺激の処理に影響を及ぼす効果のことで、心理学ではもっとも主要な実験パラダイムの一つです。

先に提示される刺激を先行刺激、後から提示される刺激を後続刺激（あるいはターゲット刺激）と呼びます。先行刺激と後続刺激とが連想され得るものであれば（情報処理心理学的にいえば、リンクによって結びつきが生じているならば）、先行刺激に対する処理が後続刺激に対する処理に影響を及ぼすことになる、という考え方です。

それではどのような影響かといえば、もっとも典型的には、反応が素早くできるようになるということです。刺激の提示から反応までの時間を「反応時間」と呼びます。この「反応時間」という測度は、心理学が他の研究領域と比してオリジナルに有していると考えられる測度です。反応時間という測度はどのようなことを反映したものでしょうか。日常的に経験し得る事柄を対象として考えてみましょう。たとえば、初対面に近いような間柄の人から、「私は、あなたと同じ部署のAさんとちょっとした知り合いなのですが、Aさんは職場であなたに親切ですか?」と尋ねられたとしましょう。このとき、あなたに質問をしてきた人に対して、Aさんのことを否定的に述べることは通常は抑制されます。そして、「ええ、いい人ですよ」というような多少なりとも肯定的な回答をすることが一般的でしょう。実際の社会生活の場では、①そのときにどれだけ明確に強い調子で「いい人です」と回答しているか、また②どれだけ即座に回答できたかという二つの側面から考えて、どれだけ真に（どれだけ本当に）Aさんのことを肯定的に評価しているのかを判断するでしょう。このとき、①の明確さというのは表向きにはある種演技的に振る舞うことができます。また、そのように訓練することも可能でしょう。その一方で、②の反応の速さというのは表向き反応の速さを調節したり、訓練したりすることはきわめて困難なものだといえるでしょう。

このように反応時間という測度は、一つには回答者が意識的にコントロールすることが難しいという優れた特徴を有しています。また、反応時間の値から、刺激提示から反応処理までの間に、どのような複雑な処理が関わっていたのかを類推することも可能にしてくれます。先の例でいえば、即座に「いい人ですよ！」と回答がなされた場合には、それはその人が本当に思っていることをストレートに表現したものだと考えられますが、しばらく時間がかかってから、あるいは時に少々言葉に詰まったりしながら、「いい人ですよ」と回答した場合には、本当に思っている気持ちは否定的なものもあるが、それをここで回答してしまっていいだろうか、そうなるとAさんから恨まれたりしないだろうか、また、今質問をしているこの人から私が否定的にみられることはないだろうかなどといったことを考えて、ここでは社会的に望ましい回答である「いい人ですよ」と回答しておこうといったような複雑なプロセスが関わっていることが類推されます。

プライミング・パラダイムを採用した実験において、見出された効果をプライミング効果（priming effect）と呼びます。古典的な実験研究での典型的な知見を紹介すると、図1のようになります（メイヤーたち 一九七五より）。

この図1では、黒丸・実線で平均反応時間が示されています。横軸には、プライム（プ

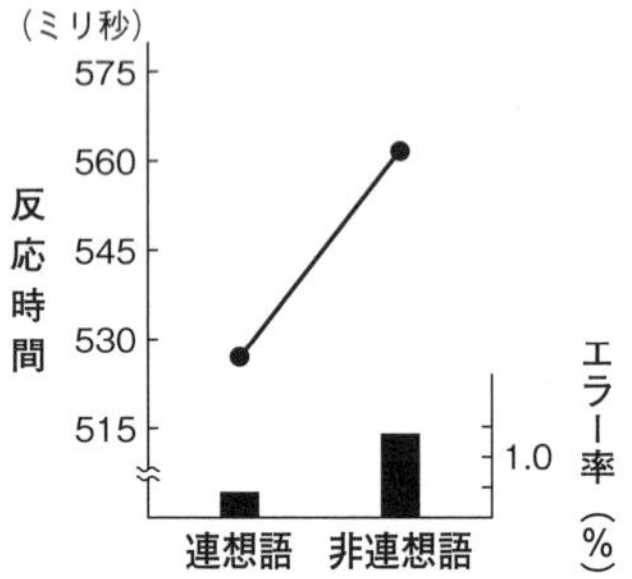

図 1　連想語と非連想語への反応（メイヤーたち，1975 より作成）

ライム語）とターゲット（ターゲット語）とが連想価が高い単語か、あるいは連想価を有していない単語かという二条件をあらわし、縦軸が反応時間（単位はミリ秒）です。プライムとターゲットが連想価の高い単語である条件の例とは、たとえばプライムが Doctor という語で、ターゲットが Nurse という場合などで、連想価を有していない単語である条件とは、たとえばプライムが Travel でターゲットが Nurse である場合などです。ここでの課題は、二つ目に提示された文字つづりが単語か非単語か（たとえば Neuth というような単語は存在していないので、この文字つづりに対しては「非単語」であると回答することが正解となります）を、できるだけ速くかつできるだけ回答を間違えないようにして反応することです。

二つ目に提示されるターゲット語（文字つづり）が単語であるか非単語であるかを判断して回答するという点では、二つの実験条件でまったく同じ課題が課せられています。ただし時間的に先行して提示されたターゲット語を処理しており、連想価が高い条件ではDoctorという語を知覚したことによってDoctorと意味的な連合を有する語は、その連合の強さに応じてそれぞれに活性化がなされていたと考えられます。その結果、次に提示されたNurseという語が単語か非単語かの判断が速くできたと考えられます。

なおこの図で棒グラフのほうは、回答の際の間違い（エラー）の百分率をあらわしています。プライムとターゲットとで連想価を有していない単語が提示された条件のほうが、エラー率が高くなってしまいます。このエラー率も意味記憶ネットワークのはたらきについて検討する際の一つの指標です。意味記憶ネットワークを通じた活性化の伝播が強く生じているほど回答エラーは少なくなることが予想されます。

このように、反応時間という指標でも、またエラー率という指標においても、意味的に関連のある語どうしの間では、プライミング効果と呼ばれる現象が確認されることがわかります。

なお、このタイプのプライミング効果は、間接プライミング（あるいは意味的プライミング）と呼ばれています。他にもプライミングと呼ばれる効果は存在していますが、ここで関心を向けている現象に対する説明としては、この間接プライミングが重要です。

●潜在的認知の科学的測定法

私たちがどのような潜在的認知を行っているのか、あるいは、潜在的認知のレベルではどのような認知が生じているのかについて、とらえることは難しい課題です。

古来より、私たちが意識的に認識していること（顕在的認知）以外に、私たちが意識できてはいない心のはたらきが存在しているであろうことが指摘されてはきました。そして、一般に私たちは、そういった自分が意識していない心のはたらきの存在を事後的に認識することができます。たとえば、子どもが高いところから落っこちそうになっているのを見たときに自分の危険を顧みることもなく抱きかかえに行っていたとか、ある人と会うことに気がすすまないとずっと思っていたところあるときふと以前にその人から責められたことを思い出して、自分でも忘れていたがこの体験が原因だったことに気づくといったことなどです。

このように私たちは非意識というものが存在し、機能をしているという思いをもちながらも、この非意識を科学的に測定することは長らく不可能なことでした。「科学的に」ということの定義を厳密に考えていくと大変に深い問題を含んでいるために、ここではきわめて簡略的に、実証的であることと、かつ反証可能性を保持していることとして考えていきたいと思います。実証的（実証経験的ともいいます）であるとは、頭の中だけで考えること（思考や思弁）によらず、実際にデータを測定して検証を行うということです。反証可能性とは、測定の考え方、また測定結果について、批判がなされ得るとともに、またその批判に対して検証が可能であるということです。非意識や無意識に関わる問題では、歴史的にはこの反証可能性が軽視されてきました。たとえば、「これがあなたの潜在認知（無意識）です。あなた自身は認めないかもしれませんが、それは自分は気づけないものだからです。そしてまた、このことを証明する手段もありません」といった論拠で、潜在認知をとらえることもあります。しかしこれでは、その潜在認知が正しいものかどうか検証する手段がなく、科学的な指摘や知見とはいえません。

近年の心理科学の進展は、この科学的な測定という方法を可能にしてきました。先に論じてきたプライミング効果研究は、この科学的な測定という基準を満たした測定であり、一九八〇年代から一九九〇年代にかけて認知科学的な研究を飛躍的に進展させてきました。IAT課題も、この科学的な測定という基準を満たした測度です。一九九八年に最初の論文が刊行された新しい測定技法ですが、一九九〇年代後半以降、測度としての検証と、この測定技法を用いた新しい知見の創出が並行して行われてきました。

●潜在的認知の個人差

次に潜在的認知の個人差について考えていきましょう。

前節で紹介したプライミング技法によっても、科学的に潜在的認知をとらえることが可能ですが、この指標を用いて、個々人の個人差まで測定できるかどうかについては議論が分かれるところです。すなわち、実験参加者（対象者）全体を対象として潜在的な概念間の連合をとらえることや、任意のパーソナリティ特性が高い群と低い群との間で潜在的な概念間での連合の違いを測定することは可能ですが、個々の実験参加者の潜在的認知を把握するには、「精度が低く安定しない指標」（すなわち信頼性の低い指標）であるという考え方が一般的な考え方であるといえるでしょう。

個人差指標として活用するためには、指標としての高い信頼性（およびその背後にある妥当性）が必要であることになります。高い信頼性とは、誤差が少なく安定して測定が可能であるということです。潜在的認知の測度は、現状では全体的には信頼性が必ずしも高いとはいえません。そもそも測定が困難な非意識・無意識を測定しようとして開発が進められてきている過渡期であるためと考えられます。

潜在的認知指標に関する近年の研究では、種々の潜在的認知指標の信頼性の高さについて検証が進んでおり、潜在的連合テスト（Implicit Association Test；IAT）と呼ばれる指標が、信頼性の点でもっとも優れた指標であることが指摘されています。

本書では、もっとも望ましい指標であると考えられるＩＡＴを取り上げて、私たちの潜在的認知について考えていきたいと思います。

2・IAT（潜在的連合テスト）

●IATとは（IATの原理）

IAT（Implicit Association Test）の原理と手続きについて説明していきましょう。基礎的な原理としては、前章で説明した意味記憶ネットワークの考え方が背景にあることを念頭においてください。

グリーンワルドたち（一九九八）が自らの論文の中で紹介している思考実験[4]として次のようなものがあります。あなたの目の前にトランプがたくさんあり、スペードやハート

4　実際に具体的な実験を行うのではなく、頭の中で考えることによって実行してみること。演繹的に検討するための一つの手段。

といったマークを上側にしておいてあると想像してください。今次のような課題を求められたとしましょう。

一つは、一方の側（たとえば左）に「ハートとダイヤ」を、そしてもう一方の側に「クラブとスペード」を分類するという課題を行うことを想像してみてください。これは比較的簡単な課題だと感じられるのではないでしょうか。

別の課題としては、一方の側に「ハートかクラブ」を、もう一方の側に「ダイヤとスペード」を分類するという課題を行うことを想像してみてください。これは少々難しい課題だと感じられるのではないでしょうか。

このように、四種類のマークのものを二種類ずつ分けるという課題において感じる困難さの違いは、マークの色（赤色と黒色）によって、ハートとダイヤが、また、クラブとスペードがそれぞれ強固に結びついているからであると考えられます。

なお、大学院生や研究者向けに執筆された論文のため、専門的な内容になりますが、日本語での紹介資料として活用できるように企図したものとして、潮村たち（二〇〇三）、潮村（二〇一五）の論文がありますので、興味のある人は、さらにそちらの資料を読み進めていただけたらと思います。

●一般的手続き

次に、具体的な手続きを紹介していきましょう。

ここで用いられている実験課題の例は、ＩＡＴを最初に採用して公刊された心理学の専門雑誌[5]（しかも、当該の領域でもっとも権威があり、難易度が高いとされている学術雑誌）に掲載された論文で紹介されている例でもあります。

これから紹介する手続き例では、「花」と「虫」という二つの概念と、「良い」と「悪い」という二つの属性が取り上げられており、反応を求められる刺激語には、「花」「虫」「良い」「悪い」のいずれか一つのグループに属する語が提示されます[6]。例外的な場合を除いて、花には肯定的な刺激価値が付与されており、虫には否定的な刺激価値が付与されていると考えられます。概念と属性という二つの次元を組み合わせることによって、先に

5　*Journal of Personality and Social Psychology* 誌。

6　ここでは〝概念〟と〝属性〟が取り上げられていますが、必ずしも概念と属性をペアにして取り上げる必要はなく、〝概念〟と〝概念〟をペアにすることなども可能です。

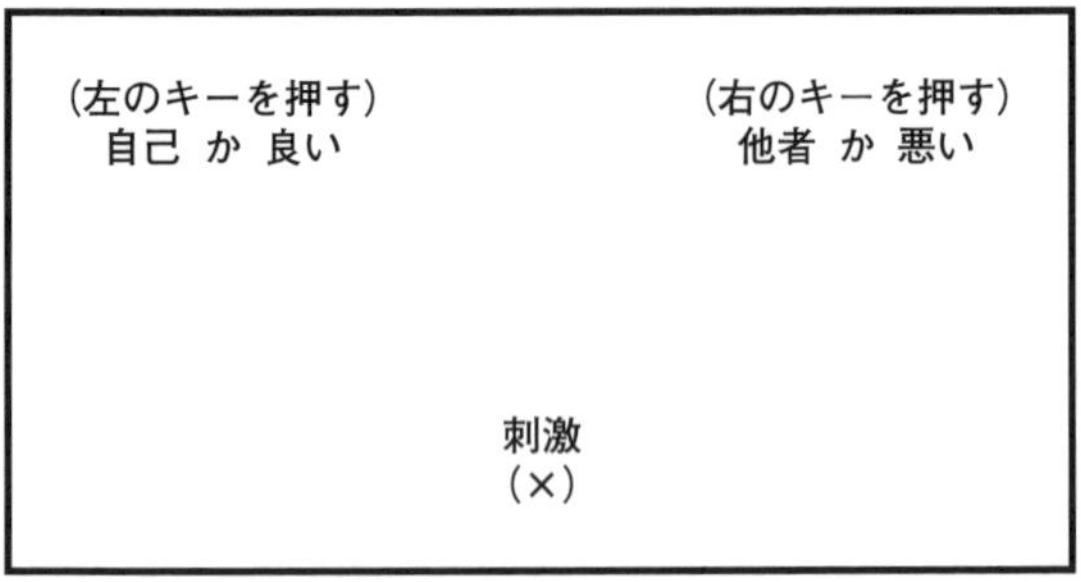

図 2　IAT 課題におけるコンピュータのディスプレイ画面（一致課題）
実験参加者が反応エラーをした場合，「×」がフィードバックされる。

トランプの例で示したような分類課題を構成することを考えると、難易度の異なる分類課題を構成することが可能となります。

　トランプのカードを分類する課題を元にして考えてみるとわかりやすいかと思いますが、一方の側に「花」か「良い」に属する、もう一方の側に「虫」か「悪い」を分類する課題は容易な課題を構成することとなり、一方に「花」か「悪い」を、もう一方に「虫」か「良い」を分類する課題は難しい課題を構成することになると考えられ、実際の実験研究の結果も、この予測を支持するものでした。これは、「花」概念と「良い」属性とが、また「虫」概念と「悪い」属性とが結びついていることによるためと考えられます。なお、この結びつきを「連合」と呼び、「ＩＡＴ

（潜在的連合テスト）」とは、潜在的なレベルでの「連合」を測定するテスト・課題、ということをあらわしています。

次に、回答者の具体的な課題について、もう少し詳しく説明していきましょう。

図2はコンピュータのディスプレイ画面です[7]。

ここでは、概念として「自己」と「他者」、属性として「良い」と「悪い」が取り上げられています。自己が良い／悪いとどの程度の強さで潜在的に結びついているのか、また他者が良い／悪いとどの程度の強さで潜在的に結びついているのかを調べる課題です。このタイプの実験では「潜在的自尊心」、すなわち潜在的なレベルで、自己を（他者に比して）どの程度肯定的に（価値ある存在）とみなしているかを測定できると考えます。後の章で述べますがこのタイプの研究枠組みは、ＩＡＴの研究テーマとして主要な枠組みの一つとなっています。自尊心（自尊感情、自己評価）を、自記式の質問紙で測定する方法は多々ありますが、それは自尊心の限られた側面しか測定できていないのではないかという

7　ＩＡＴ（Implicit Association Test）はパーソナル・コンピュータ上で実施する手続きが基本で、メインの手法ですが、紙と筆記具を用いて、集団形式で実施することもできます。この手法は Paper-Pencil Version と呼ばれており、後のセクションで紹介します。

疑義が根底にあり、研究が進められています。

実施手順の話に戻りましょう。画面の中央に「刺激」と呼ばれる単語（判断を求められる刺激語）が提示されます。この図で紹介している実験の枠組みでは、提示される刺激語は、「自己」「他者」「良い」「悪い」のいずれか一つのカテゴリーに属する単語です。たとえば、次のような刺激語を用いることが考えられます。

「自己」……自分は、自分に、自分の、自分のもの
「他者」……他者は、他者に、他者の、他者のもの
「良い」……親しい、嬉しい、愛する、美しい、笑い、大喜び、喜ばしい、楽園
「悪い」……有害な、粗悪な、つらい、邪悪な、嫌け、残忍な、不愉快な、嫌い

画面上側の左右には、これから中央に提示される課題に対して、どのような分類基準で分類すべきかが記されています（ちなみに、この部分はリマインダーと呼ばれています）。このディスプレイ画面を模した図で示されている分類基準では、中央に提示された刺激語が「自己」か「良い」のいずれかに属する語である場合は左側のキーを、また刺激語が「他者」か「悪い」のいずれかに属する語である場合は右側のキーを押すことを求めてい

ます。なお回答者が正しく分類しなかった場合（エラー反応の場合）には、反応の直後に×印を提示し、回答者に対してエラー反応であったことをフィードバックすることが一般的です。これが一つの試行であり、一般に練習試行として二〇試行程度、本試行として二〇〜五〇〇試行程度が繰返し実施されます。この一群の試行をブロック（block）と呼んでいます。

先に示した課題では、〈「自己」と「良い」〉、〈「他者」と「悪い」〉がペアとして分類基準が設定されており、この課題（ブロック）はトランプの例でいうと〈「ハート」と「ダイヤ」〉、〈「クラブ」と「スペード」〉の二群に分類する課題、すなわち容易な課題に相当します。これを、ペアにされた概念や属性間の刺激価値がおおむね一致している（congruent な）課題という意味で、一致課題あるいは一致ブロックと呼びます。

それでは不一致課題（incongruent block）は、どのようにして構成されるのでしょうか。図3に示すように、〈「自己」と「悪い」〉、〈「他者」と「良い」〉がペアとして分類基準が設定されています。一般に人は自己を（少なくとも潜在的には）肯定していると考えられます[8]ので、この課題は分類基準上でペアにされている概念や属性間の刺激価値が不

8　IATで初めて潜在的自己観を測定したグリーンワルドとファーンハム（二〇〇〇）でも支持されています。

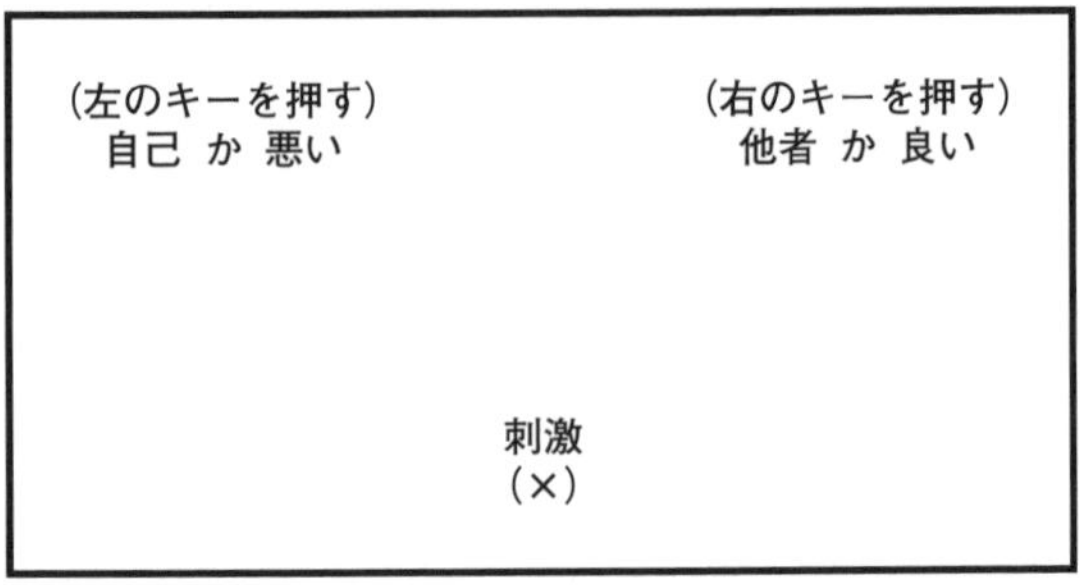

図 3　IAT 課題におけるコンピュータのディスプレイ画面（不一致課題）
実験参加者が反応エラーをした場合，「×」がフィードバックされる。

一致なものとなりがちな課題を構成します。

なお、左側のキーを押すか、右側のキーを押すかという指示は常に一定ではなく、左右に関する指示はブロックごとに入れ換えられています（これを心理科学ではカウンターバランスをとるといっています）。したがって右利きとか左利きなどということも結果には影響しません。

●IATデモンストレーション

ここで一度実際に、ＩＡＴ（Implicit Association Test）を体験してみるとよいかもしれません。

インターネット上で下記のＵＲＬにアクセスすると、日本語でいくつかのＩＡＴ課題を実施することができ、課題実施後には自身の潜在的態度がその場でフィードバックされます。

https://implicit.harvard.edu/implicit/japan/

インターネットに接続できる環境さえあれば、ほぼすべてのパーソナル・コンピュータ環境から日本語で体験できます。

IAT（Implicit Association Test）課題について、その背景となるような心理科学的な現象とそれを説明するための理論的な背景も含めて紹介してきました。

IAT課題とは、これまでに示してきたような原理と手続きに則って、概念間の潜在的な連合（Implicit Association）を測定する手法です。なお、この潜在的な連合のことを、潜在的態度と呼び換えて、ある態度対象に対する潜在的態度を測定する手法としても活用することができます[9]。

9　ここで、連合（association）と態度（attitude）とをまったく同等のものとして置きかえてよいかどうかについては、専門的観点からも異論がないわけではありませんが、一般的な説明としては同等のものとみなすことに支障はないと考えられます。

●技法の信頼性と妥当性

新しい測度を作成・開発したら、信頼性ならびに妥当性の観点から、その測度を評価しなければなりません。信頼性・妥当性の問題は、とくに社会的認知測度の場合には一段と重要になります。なぜならば、認知的測度は多くの場合、認知モデルをもとにして構成された間接的測度（indirect measure）と呼ばれる測度となるからです。信頼性と妥当性の議論はかなり複雑な議論で、精緻に論じていくためにはかなりの紙面が必要となるため、信頼性・妥当性の全容についてはさらに専門的な資料[10]に譲ることとして、ここでは一部の主要な部類の信頼性・妥当性にしぼって紹介したいと思います。

それでは信頼性と妥当性の問題について、すなわちＩＡＴ課題が測度（測定手法）として、必要な要件を備えているかどうかについて検討していきましょう。

10　現在、日本語で記された書籍や学術論文の中で、ＩＡＴの信頼性・妥当性について十分に整理された資料は存在しません。英語で執筆された研究論文を参照することになりますが、グリーンワルド先生のホームページには種々の資料が紹介されており、効率的に知ることができます。

IATの信頼性――再検査信頼性と内的一貫性

信頼性とは、同一条件のもとで一貫した結果が得られる程度をあらわす指標で、測定精度の高さのことです。ここでは信頼性については、再検査信頼性と内的一貫性についてのみ取り上げます。

1　再検査信頼性

測定を行うたびにその測定結果が異なるものである場合には、当該の測度が信頼に足るものとは考えられないといえるでしょう。したがって複数回の測定を行った際に、その測定結果が安定している（同様の測定値を示す）必要があるといえます。これを再検査信頼性と呼び、もっとも一般的な指標が、二回測定を実施した際の測定値の相関係数（r）の値で示します。代表的な研究はボッソンたち（二〇〇〇）によるもので、r＝・六九という値を示しました。他にも、IATに関する比較的初期の研究段階において、グリーンワルドとファーンハム（二〇〇〇）や、ダスグプタとグリーンワルド（二〇〇一）の研究で、再検査信頼性についての検討がなされています。いずれの研究においても相関係数（r）は・六〇を超えていることが示されています。この・六〇という値は、再検査信頼性の指標として十分に高いものではありません。むしろどちらかというと低いといえます。尺度評定法のような顕在的指標の場合には再検査信頼性が認められるための最低限度の数値に近いものです。ただし反応時間指標によるさまざまな潜在的測度の中ではＩＡＴが再検査信頼性の点でもっとも優れた指標値を示しています。

２　内的一貫性

次に、内的一貫性（または内的整合性、internal consistency）とは、項目群が一貫して同じ特性を測定している度合いのことです。この内的一貫性は、信頼性係数（クロンバックのα）と呼ばれる指標であらわされることが一般的です。代表的な研究は、バンセたち（二〇〇一）の研究で、信頼性係数αは・八〇を超える値を得ており、これは一般的に十分な内的一貫性を有していると判断できる値と考えられます。

ＩＡＴの妥当性（１）——内的妥当性と予測的妥当性

妥当性とは、測定しようとしている概念／事象をどの程度正確に反映しているかをあらわす指標であり、測定の有意味性・適切性をあらわしています。すなわち妥当性とは、測りたいものを適切に測れているかということ、測りたくないものを測ってしまっていないか、測りたくないものの影響を受けていないかということであるともいえます。

１　内的妥当性

内的妥当性とは、少し難しい説明になりますが、因果関係を想定して設定をした、「原因」と考えた独立変数と、「結果」と想定した従属変数との間の因果関係の確からしさをあらわす概念です。言いかえると、測定される変数（従属変数）が、原因と考えられた独立変数によって影響を受けたものであるのかどうかに関する妥当性です。つまり結果として測定される変数の変動が、原因として取り上げた変数の影響を受けて生じ、逆に、原因として取り上げてはいない変数の影響を受けずにすんでいるかどうかに関わる妥当性概念です。

内的妥当性（内部妥当性とも呼ばれます）については比較的単純なレベルでの問題と複雑なレベルでの問題がありますので、まずは単純なレベルでの内的妥当性に関わる事項について説明していきます。

たとえば、先ほど取り上げた〈「自己」と「良い」〉、〈「他者」と「悪い」〉をペアとする課題を用いて、「自己」を（「他者」と比較して）どの程度、肯定的にとらえることができているのかを測定するＩＡＴ課題（「自尊心ＩＡＴ」と呼ぶことができます）で、実験の刺激語として用いられる刺激語が、わかりやすい簡単な言葉なのか、難しい複雑な言葉なのかによって、測定結果として示される「潜在的自尊心」の高さが変わらないことが望まれます。なぜならば、回答者の「潜在的自尊心」の高さ（潜在的に自分自身をどれくらい

表1　内的妥当性が保証された諸要因

（グリーンワルドとノゼック，2001）

IAT 効果量は，以下の要因には影響されない。
●概念／属性を左右どちらのキーに割り当てるか。
●カテゴリーを構成する刺激語の数。
●試行間間隔（ISI）＝反応から刺激提示までの間隔。
●右利きか，左利きか，両手利きか。
●概念を表すための刺激語の熟知性（よく知っている単語か）。

価値が高い存在だと思っているかどうか）は、実験課題で使用される刺激語の難易度は関係がないはずであり、刺激語の難易度の影響を受けない場合に、内的妥当性が保証されている、ということになります。

グリーンワルドとノゼック（二〇〇一）によるIAT課題を扱った初期の研究において、次に述べるような知見が報告されています。それは、次に示すような要因によっては、IAT課題で測定された結果（IAT効果量）は影響を受けないというもので、IAT課題の内的妥当性を支持する知見といえます。具体的には「表1　内的妥当性が保証された諸要因（グリーンワルドとノゼック　二〇〇一）」に示す諸要因の影響を受けないことが示されています。これらの要因（要素）は、常識的に考えても当人の潜在的態度（潜在的態度得点）に影響を及ぼすことがないはずであると考えられる要因であり、IATの測定値がこれらの要因の影響を受けないことが示されたことは、内的妥当性を保証することになります。

2 予測的妥当性

次に、予測的妥当性について考えていきましょう。

測りたいものを正確に測ることができていると仮定するならば、その測定結果によって予測できるはずの現象や事象を適切に予測（説明）できるはずだという考え方が成り立ちます。もしも予測や説明ができなかった場合には、その測度が妥当性を欠くものだったか、あるいは、予測できるはずだと考えたその論理や理論が間違っていたかの少なくともいずれが一方であったと考えられます。逆に、予測や説明ができるはずと考えられる現象や事象の予測が確かにできた場合には、その測度の妥当性と、予測に関する考え方の両者がともに適切であるという蓋然性が高くなります。このように、ある測度で予測できるはずと考えられる現象や事象を実際に予測することができるかどうかという点からとらえた妥当性が予測的妥当性です。

アーキュリーたち（二〇〇八）は、投票行動を対象として、IATの予測可能性を実証しました。アーキュリーたち（二〇〇八）の研究2では、約一カ月後に迫った選挙においてどの候補者に投票するかを決めていない有権者五八名（年齢は二二～六五歳）を対象として、IAT課題を実施し、有力候補者に対する潜在的態度を測定しました。投票後、これらの実験参加者（約一カ月前の時点で投票する候補者を決めていなかった人たち）に対して、投票日に実際に誰に投票したかを質問紙で尋ねたところ、八八％にあたる五一名から回答を得ました。その結果は、一カ月前の時点で、意識的には誰に投票するかを決定していない人たちの実際の投票行動は、その時点での有力候補者に対する潜在的態度（潜在的選好）によって予測されました。潜在的態度は、後の投票行動の良い予測因となっていたのです。この知見の重要性は、一カ月前の時点では、意識的な顕在的レベルでは有力候補者に対する優劣を意識していなかった回答者たちにおいても、ＩＡＴで測定した潜在的態度が投票行動を予測できたということにあります。

ＩＡＴの妥当性（２）――回答者の回答方略の影響を受けない指標か

次に、少し複雑な内的妥当性に関する議論について考えていきましょう。内的妥当性とは前述したように、当該の測度を用いて測定された結果（の変動）が、測りたい対象として想定された概念（の変動）によってもたらされたものといえるかどうかに関わる妥当性を指しています。すなわち、ある測度による測定結果は、測定対象と想定する概念とは異なって、その研究では取り上げてはいない要因や事項の影響を受けている可能性が常にあり、その可能性が十分に低いものかどうかを示す概念です。

すでに、IAT課題で測られる潜在的な態度指標であるIAT効果量の内的妥当性の高さを示す知見として、「概念や属性を左右どちらに割り当てるか」「刺激語の数」「試行間間隔」「利き手」など[11]という要因によっては影響されないことを指摘しました。これらは、回答者自身が何かしらの意図や方略をもたない場合に、内的妥当性が高いことを保証する知見といえます。

ここでは内的妥当性に関わることとしてさらに、回答者自身による方略の影響を受けない指標かどうかについて検討した知見について紹介していきたいと思います。

潜在的態度とは、「対象に関わりを有する過去経験の痕跡であり、内観によって同定できない（あるいは正確に同定することはできない）痕跡のこと」（グリーンワルドとバナージ 一九九五）と定義されています。したがって潜在的態度は、自身が意識して自分の潜在的態度を把握しようとしても、正確にそれを行うことが不可能であるという性質を有しています。自身の潜在的態度を正確に把握することができないわけですから、何らか

11　脚注では他にも、「反応潜時の非正規分布処理手法」による影響をあまり受けないことについても言及されています。

の意図を用いることで、自身の潜在的態度を覆い隠したり、自身の潜在的態度を変容させて偽りの潜在的態度を示したりすることはできないと考えられます。具体的には、社会的に望ましくないことであるとか、まわりの人から否定的なフィードバックを受けてしまうリスクがあるからといって、自身の潜在的態度を隠してそれが示されないようにしたり、自身の潜在的態度とは異なる見せかけの態度を表出したりすることができないはずであると考えられます。そしてこのことは、ＩＡＴ課題の内的妥当性にまさしく重要な関わりを有している問題です。

何らかの意図によってＩＡＴ課題の内的妥当性が脅かされないものであるかどうかについて検討した具体的な研究について紹介していきましょう。

まず、キムとグリーンワルド（一九九八）、キム（二〇〇三）の研究について紹介します。初期のＩＡＴ研究において、自身の意図によって自分の潜在的態度（自動的選好、automatic preference）が表出されないようにできるかどうかについて検討しました。もし、自身の意図によってＩＡＴの結果をコントロールできるとしたら、その測定は潜在的なものではないことになってしまいます。キムとグリーンワルド（一九九八）、キム（二〇〇三）は、実験参加者に対して「白人に対する自動的選好を示さないように反応してください」という教示（依頼）をして、実験結果を検討しました。その結果は、そのように依頼したにもかかわらず、白人に対する「自動的選好」が示され、自身の意図によって自分の潜在的態度を覆い隠すことができないことが示されました。

他に同様な問題を扱った研究として、バンセたち（二〇〇一）を紹介します。同性愛者に対する否定的な態度の表出は、現代社会では好ましくないものと一般に考えられていますが、IATを用いた測定によって、同性愛者に対する見せかけの（すなわち必要に応じて作り上げた）肯定的な潜在的態度を示すことができるかどうかについて検討しました。もしそういった見せかけの回答が可能であるとしたら、IATは潜在的態度を適切に測定できていないということになりますが、バンセたち（二〇〇一）の結果は、そのような見せかけの回答をすることはできない、ということを示しました。

●さまざまな測定バリエーション

IATが潜在的測度の中で優れた測度であると考えられる点として、測定バリエーションがさまざまに存在している点をあげることができます。ここでいう測定バリエーションとは、一つには「測定技法」そのものを指しており、もう一つには「測定形態」（測定媒体）の多様性をあらわしています。

「測定技法」とは、ＩＡＴ（Implicit Association Test）がベースでありプロトタイプ（原型）と呼ぶべき手法ですが、その派生形として、Go/No-go課題を用いて単一概念（単一カテゴリー）に対する潜在的態度の測定を可能としたＧＮＡＴ（the Go/No-go Association Task、ノゼックとバナージ 二〇〇一）や、実験課題の短縮化を実現するためのThe Brief Implicit Association Test（スリラムとグリーンワルド 二〇〇九）が開発者のグリーンワルドたちの研究グループ自身によって提唱されています。また、その他にも、他の研究グループによって、ＩＡＴの派生形と呼んでよいであろう手法がさまざまに提唱されてきています。とくに、二つの対比的概念を必要としないタイプ、すなわち単一の概念に対する態度を測定するための派生形タイプについては、多くの技法が開発され（Single Category IAT（カーピンスキーとスタインマン 二〇〇六）、Single Target IAT（ブルームクとフリース 二〇〇八、ドッチュとウィグボルダス 二〇〇八））、全体としてＩＡＴ研究の多様な展開を構成しています。

また「測定形態」における多様性とは、「パーソナル・コンピュータ利用」「紙での利用（紙筆版）」「インターネット上での利用（Website IAT/Web-based IAT）」が代表的な方法です。スタンドアローン（単体）でのパーソナル・コンピュータでの利用がもっとも一般的な形態ですが、いずれの方法にもそれぞれにメリット・デメリットがあります。また、一般的とは言い難いですが、かつてパームトップ（Palmtop、手のひらに載るような小型PC）が流行していたころには、パームトップ上で実行するプログラムも存在していました。その他にも、教育的な目的のためにIAT課題を〝体験する〟ことのみが目的であれば、教室などの集合的状況で刺激を教室前面などのスクリーンに提示し、体験者の課題としては分類課題への反応として右側のヒザを打つか左側のヒザを打つかで反応するというような方法もあり得ます（もちろん、体験型の「ヒザ打ち法」では反応時間は当然ながら測定されません）。

続いて、「測定技法」上のバリエーションとして、IATについで学術的な研究で採用されることの多いGNAT（the Go/No-go Association Task、ノゼックとバナージ 二〇〇一）について詳しく紹介していきましょう。

コンピュータ版IATとGNAT

IAT課題には、さまざまなバリエーションがあります。実施のスタイルの点でも、パーソナル・コンピュータでの実施を基本としながらも、紙筆（Paper & Pencil）版や、ウェブサイト上での実施が可能です。また実験課題のパラダイムそのものという点でも、バリエーションが存在しています。IAT課題は、取り上げる概念（と属性）を自由に設定することができる点で、測定の対象としていかなるものでも対象とできるように考えられますが、実際にはある種の制約があります。この制約とは、少なくとも二つの対（ペア）となる対比的な概念が必要であるという制約です。「花」と「虫」、「自己」と「他者」、「日本」と「アメリカ」といったように対となる概念間での差異をもとにして潜在的な態度を測定しています。ただし、世の中の諸概念の中には、対となるような対比的な概念も存在しています。たとえば、「喫煙」「雲」「かばん」などです。これらの概念に対しても、具体的に個々の状況を限定的に設定し、無理をおして対比的な概念を設定することは不可能ではないかもしれません。しかしそれでは、種々の概念に対する一般的な潜在的態度を測定したいという目的には必ずしも適合的ではありません。

そこで考え出された手法がＧＮＡＴ（the Go/No-go Association Task）課題というものです。ＧＮＡＴの正式版名称の中に、Go/No-go task という言葉が含まれていますが、この専門用語がＧＮＡＴ課題の性質をよくあらわしています。

ＩＡＴ課題における回答者の課題は、左側のキーを押すか、右側のキーを押すかということでした。その一方で、Go/No-go 課題とは、提示された刺激に対して反応をするか（「Go」）、反応をしないか（「No-go」）という判断・行動を求められる課題を指しています。「No-go」反応とは、反応ができないということではなく、反応をしないという判断・行動です。提示された刺激が、ある条件を満たしている場合にはできるだけ速く反応すること（「Go」反応）が求められ、また、その条件を満たしていない場合には反応をしないこと（「No-go」反応）が求められる課題が、Go/No-go 課題です。たとえば、提示された単語が、肯定的な意味の単語の場合にはできるだけ速く瞬時にキー押しなどの「Go」反応をすることが求められ、提示された単語が否定的な意味の単語の場合には、キー押しなどの反応をしないこと（「No-go」反応）が求められる課題で、否定的な意味の単語の場合に反応をしてしまうと、それはエラーとなります。また通常、反応までの時間制限（タイム・プレッシャー）が設定されており、「Go」反応をする場合に素早く反応ができず反応が遅くなってしまった場合にもエラーとなります。決して簡単な課題ではなく、認知的な負荷がかかる課題です。負荷がかかるからこそ、心理的メカニズムやその個人差が検出され得ることになります。

このGo/No-go 課題は、基礎心理学の領域では幅広く使用されている課題で、心理学を専攻すると、学部二年生か三年生くらいで学ぶ「心理学基礎実験」という科目の中で実習することも多いような基礎的な課題です。この単純な判断・行動を用いてさまざまな人の心理について検討することができます。Go/No-go 課題は、脳波やｆＭＲＩといった測度を用いる生理心理学と呼ばれる領域や、視知覚や認知判断を対象とする認知心理学と呼ば

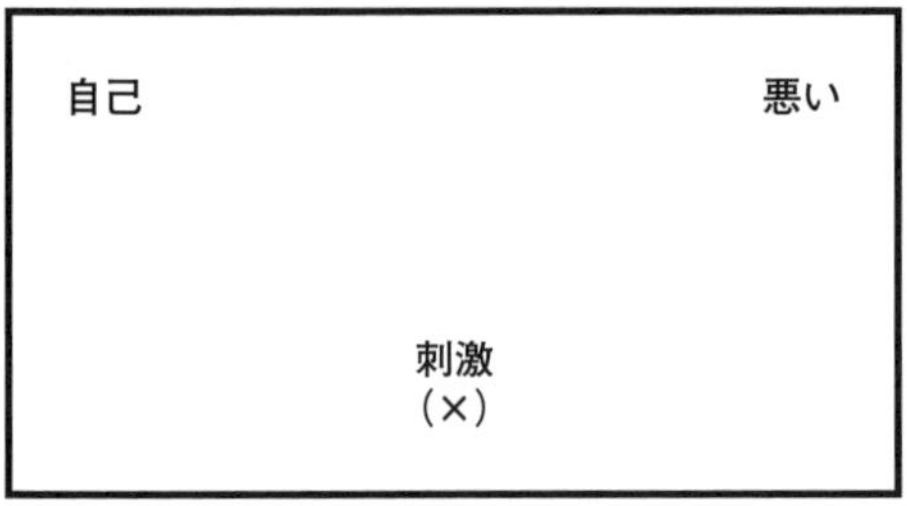

図 4　GNAT 課題におけるディスプレイ画面（不一致課題での一例）
実験参加者は，提示された刺激語が「自己」か「悪い」に属する語であった際には，スペースキーをできるだけ速く押すように教示されている。実験参加者が反応エラーをした場合，「×」がフィードバックされる。

れる領域において広く採用されている課題です。このGo/No-go課題をIAT課題に適用した手法がGNATです。

潜在的自尊心を測定対象としたGNAT課題におけるディスプレイ画面（不一致課題での一例）が図4に示してあります。回答者は、この画面で示されているブロックでは、中央に提示される単語や画像が、「自己」に属するか「悪い」に属する場合には反応キーを押すこと（Go反応）が求められ、「自己」にも「悪い」にも属さない場合（言いかえると「他者」か「良い」に属する場合）には反応キーを押さないこと（No-go反応）が求められます。多くの回答者にとっては、自己は潜在的には良い意味を

図5　GNAT課題におけるディスプレイ画面（一致課題での一例）
実験参加者は，提示された刺激語が「自己」か「良い」に属する語であった際には，スペースキーをできるだけ速く押すように教示されている。実験参加者が反応エラーをした場合，「×」がフィードバックされる。

もっていますので、「自己」か「悪い」に属する場合には反応し、そうでない場合には反応しないという課題は、難易度の高い課題となります。

先の図4では、不一致課題ブロックでの一例が示されています。また、図5に一致課題ブロック例でのディスプレイ画面を示してあります。多くの回答者においては、一致課題の場合には反応すべき二つの概念が（そして反応すべきでない二つの概念も）刺激価値の点で同じ刺激価となっていますので判断・反応が容易な課題となり、不一致課題ではその逆で困難な課題となっています。

ここでは、潜在的自尊心（「自己」―「他者」概念と「良い」―「悪い」属性）

を例に取り上げて説明しましたが、GNAT課題の特徴は判断基準を示す際に二つの対比的な概念が必要ないことから、単一の概念に対する潜在的態度についても測定することを可能とした手法です[12]。

続いて、GNAT課題における潜在的自尊心スコアを、反応時間測度を用いて算出する方法について紹介していきましょう。回答者によって正しくGo反応がなされた場合の反応時間が指標となります。

潜在的自尊心スコアは、二つの不一致課題ブロックである、「自己―悪いブロック」と「他者―良いブロック」での反応時間の平均値から、二つの一致課題ブロックである「自己―良いブロック」と「他者―悪いブロック」での反応時間の平均値を引いた値となります。この潜在的自尊心スコアは、潜在的に自尊心が高いほど、この得点は大きくなります。

先に、IAT課題を用いた潜在的自尊心の測定方法についても紹介しましたが、GNAT課題を用いた場合とIAT課題を用いた場合とで、同じ概念や属性を取り上げている場

12　このGNAT課題がIAT課題よりも優れた点に、その指標として反応時間、エラー反応比率に加えて、信号検出理論にもとづく「*d′*（d prime）」（ディープライム）という指標も用いることができます。

合は結果が異ならないはずです。もしも同じ対象（構成概念、といいます）を測定しようとしているのに、ＩＡＴ課題とＧＮＡＴ課題とで測定された潜在的自尊心が異なっていた場合には、少なくともいずれか一方の課題が不適切な課題であると疑わなければなりません。ＩＡＴ課題とＧＮＡＴ課題のこの等価性については、初めてＧＮＡＴ課題が発表された研究において、この等価性が認められることが実証的に示されています（ノゼックとバナージ 二〇〇一）。

紙筆版ＩＡＴ

先に、紙筆版ＩＡＴ（Paper & Pencil IAT）について、パーソナル・コンピュータを必要としない手法として簡単に紹介しました。

一般に、心理科学の実験研究というのは、回答者の人に実験室まで来てもらい、課題を実行してもらわなければなりません。そしてその人数は数十人にのぼることが一般的です。これは想像するだけでも大変なことですが、実際には、実験室のスペースや時間的制約、参加者側との調整、参加者側の急な予定変更等々が加わり、想像以上に大変です。心理学を勉強していると、これは避けて通れない課題ですが、心理学徒をもっとも悩ませる課題でもあります。

このことがとくに大きな制約となるのは、大学生以外の方々に回答者としてご協力をいただく場合です。幼稚園／保育園児、小中高校生の場合には、園や学校まで出向き、そこで場所を貸していただくなどのお世話をおかけしてしまいます。社会人の場合には実験室に来るための時間を見つけていただくことが困難で、中でも高齢者の場合には実験室に出向くという物理的な移動自体に困難が伴います。

この問題に対する有効な対処法の一つは、ウェブサイトを通じて実験課題を遂行できる手法を構築することです。コンピュータ・テクノロジーの発達によって、この手法はかなりの進展を示してきました。ウェブサイトIATはまさしくそのための手法です。ウェブサイトIATの利用には当初は制約が多かったのですが、現在ではその制約は少なくなってきています。ほとんどのパーソナル・コンピュータから利用できるようになってきましたし、言語についても多言語化プロジェクトが進み、現在もさらに進展中です。

しかしそれでも、いつもパーソナル・コンピュータが利用できるとは限りません。典型的には、学校現場がわかりやすいと思います。数十人～百人、時には数百人という学生や受講生が講義室に集まって話を聞いています。その場で百台なりそれ以上のコンピュータを用意するというのは特殊な環境以外では存在し得ません。とくに、受講生が大学生以外の場合には、その受講のために集まることができる時間、そしてその受講のために費やすことができる時間はきわめて限られています。そのような場合は、その講義室なり教室で

IAT課題を実施できることが強く求められます。

そこで考え出された方法が、紙筆版IATです。

図6、図7に紙筆版IATの実際の回答用紙例について視覚的に紹介しています。図6を見てください。シート（回答用紙）の上部には、コンピュータ課題での説明の際に述べたリマインダー（分類の基準を示したもの）が記載されています。ここで示してある課題を例にとると、中央に記載されている語が「クライエント」に属する語か「ポジティブ」に属する語である場合には左側のスペースにチェックをつけ、「カウンセラー」に属する語か「ネガティブ」に属する語が提示された場合には右側のスペースにチェックをつけることを求めています。この課題を一定時間内（一般的には、各シートごとに二〇秒の制限時間）に、できるだけ速く進めてもらいます。そして、課題を実行した後に実験者は、回答できた正答数をカウントします。ここで、「カウンセラー」に「ネガティブ」な潜在的連合を有している人にとっては、このシートの課題については正答数が多くなると考えられます。その一方でたとえば、左側に分類すべきリマインダーとして「クライエント」と「ネガティブ」、右側に分類すべきリマインダーとして「カウンセラー」と「ポジティブ」が設定されたシートの課題では、同じ人の正答数は少なくなると考えられます。この両タイプのシートでの〈正答数の差異スコア〉が、回答者の「潜在的連合」（潜在的

クライエント ポジティブ	カウンセラー ネガティブ
恐ろしい	
悩み深い人	
治療者	
ひどい	
被治療者	
心理療法家	
優秀な	
有害な	
ひどい	
被観察者	
見事な	
怒った	
面接者	
幸せな	
優秀な	
悩み深い人	
見事な	
被治療者	
治療者	
恐ろしい	
幸せな	
臨床家	
来談者	
友好的な	
被観察者	
怒った	
見事な	
臨床家	
面接者	
友好的な	
来談者	
心理療法家	

図6　紙筆版 IAT 課題例（その1）

選好）となります。

　二つ目に例示してある図7は、中央の部分に、「関東」「関西」「ポジティブ」「ネガティブ」のいずれかに属する単語が記載されています。シートの上部には、リマンダーが示されています。この図の例では、左側に分類すべきリマインダーとして「関東」と「ネガティブ」、右側に分類すべきリマインダーとして、「関西」と「ポジティブ」が設定されています。中央に記載されているそれぞれの単語が、「関東」か「ネガティブ」に属する単語である場合には左側に、また「関西」か「ポジティブ」に属する単語である場合には右側にチェックをつけることを求めている課題です。ここでも、この課題を〝二〇秒間〟といったような一定時間内にできるだけ速く進めてもらい、課題を実行した後に実験者は、回答できた正答数をカウントします。「関西」に「ポジティブ」な潜在的連合を有している人はこのシートの課題については正答数が多くなると考えられます。一方たとえば、左側に分類すべきリマインダーとして「関東」と「ポジティブ」、右側に分類すべきリマインダーとして「関西」と「ネガティブ」が設定されたシートの課題では、正答数が少なくなると考えられます。この両タイプのシートの〈正答数の差異スコア〉が、回答者の「潜在的選好」となります。

関東 ネガティブ	関西 ポジティブ
東京	
大阪	
怒った	
恐ろしい	
関西弁	
友好的な	
見事な	
標準語	
タイガース	
ジャイアンツ	
優秀な	
ひどい	
恐ろしい	
東京	
幸せな	
山手線	
見事な	
関西弁	
標準語	
優秀な	
環状線	
見事な	
怒った	
大阪	
友好的な	
有害な	
ひどい	
タイガース	
ジャイアンツ	
環状線	
山手線	
幸せな	

図7　紙筆版 IAT 課題例（その2）

ここで、インターネット上でＩＡＴが実施可能なウェブサイトについて詳しく紹介していきましょう。

Web-based IAT

英語版サイトの運用は、遅くとも一九九八年一〇月には始まっていました。教育的な目的と、ＩＡＴを広めていくという目的が強調されていると同時に、研究目的としての活用も行われてきました[13]。

日本語版サイトは、二〇〇六年一月には立ち上がっていました。これは私が、二〇〇〇～〇一年の留学時に、英語版ウェブサイトＩＡＴを立ち上げたノゼック氏（当時は大学院博士課程の院生で、現在はバージニア大学教員）に、ウェブサイトＩＡＴの多言語化構想について相談をしたときからの念願でした。二〇〇六年一月の時点で、英語版サイトを翻訳し、英語版と同等の課題が日本語でも実施できるようにしたものです。今後は、日本文化・社会にオリジナルのテーマについて扱っていけたらと考えています。

この本の中で紹介してきたＩＡＴ（Implicit Association Test）という技法は、もともとは心理学の実験室の中で、基本的には、個人単位で実験を行うスタイルのものでした。

13　ウェブサイト版のＩＡＴ課題を用いた代表的な研究論文としてはグリーンワルドたち（二〇〇二）があります。

そもそも心理学の実験データというものは、基本的には実験時の環境が一定に保たれた実験室において、実験者から実験課題について詳細な説明を受け、実験の進行に関して実験者から受けた教示（instruction）と呼ばれる説明にしたがって、実験課題を進めていきます。パソコンの性能が向上すると、実験課題の多くをパソコン上で実施できるようになり、実験者が実験ごとに毎回個別に行ってきた教示の多くの部分をパソコン上で自動化して実行できるようになりました。

このように実験についての説明（教示）と実験課題の多くの部分（時にはそれらのすべて）を自動化できるようになっていても、長い間、心理学の実験は実験室に足を運んでもらい、実験者が実験室の中で同席したり、実験室のそばで待機したりして、実行していました。これは、実験に参加する人にとっても、また実験を実施する人にとってもきわめて負担の大きなものでした。

しかし、インターネット関連の技術が進展してくると、まずウェブを用いて調査を行うことができるようになりました。ただし技術的な問題から、調査票や質問紙への記入ではなく実験プログラムを遂行するということは、当時はまだ困難が大きい時代でした。

そのような中、イェール大学のバナージ・ラボのノゼックを中心とした研究グループは、いち早くプロジェクトを立ち上げ、インターネット上でのウェブサイトＩＡＴの研究遂行を推し進めていきました。また、多言語化も推進され、英語以外の言語では、フランス語、日本語、ドイツ語の三言語が第一弾として開設されました。続いて、中国語とイタリア語のサイトが開設。さらにその後、多数の言語への対応が進められました。このウェブサイトを用いた研究手法による初期の研究成果は、グリーンワルドたち（二〇〇二）や、ノゼックたち（二〇〇二a）として発表されています。

このシステムでは、インターネット上の特定のウェブサイトにアクセスすることで、そこからIAT課題を実行するためのプログラムを、一時的に自分のパソコンにダウンロードして実験プログラムを実行し、そこでの結果を再度、インターネット上のサイトに送り返します。実験参加者自身にはその結果をフィードバックすることを可能にしたものです。なおフィードバックされる結果は、詳細な結果ではなくわかりやすさを重視した簡易版の結果で、実施したIAT課題に関してどちらの概念に対して潜在的選好を有しているのか、あるいはいないのかをフィードバックします。

二〇一五年一一月現在、主として二つの方法で、このウェブ版IATを実施することができます。

【方法1】

Project Implicitという研究プロジェクトが公開している下記のウェブサイトにアクセ

スし、注意事項等に目を通した後に、用意されているＩＡＴテスト群から関心のあるテストを選択し、実行します。

https://implicit.harvard.edu/implicit/japan/

ＩＡＴ課題として取り上げられているテーマは、更新されてきていますが、たとえば二〇一五年一一月の時点で用意されていたＩＡＴテストには以下のものがあります。

「年齢ＩＡＴ」
「国家ＩＡＴ」
「セクシャリティＩＡＴ」
「ジェンダーＩＡＴ」
「人種ＩＡＴ」
「肌の色ＩＡＴ」
「体重ＩＡＴ」

今後また、各国において重要な概念対象について国ごとに独自にＩＡＴテストを追加していくことになっています。

【方法２】

専門的な方法になりますが、Millisecond Software社のInquisit Web Editionを購入し

（ただし非常に高額です）、ウェブサイト上に自身のＩＡＴ実施プログラムを設置します。

ただし、ほとんどの読者の皆さんにとっては、ウェブ版ＩＡＴを実行できる環境をつくることが目的ではなく、実際にＩＡＴ課題を行ってみたい、またＩＡＴ課題を行って自分の潜在的な連合について知りたいとお考えだと思います。そこで、ここではすでに用意されているプログラムを利用して、ＩＡＴ課題を実施してみる方法（上記の方法１）について記したいと思います。

著者である私は、この研究プロジェクトの「日本サイト」を管理しています。ちょうどアメリカにいた二〇〇一年ごろに、当時主に教育用として作成されていたウェブサイトＩＡＴの日本語版を作成したいと相談をもちかけてから、技術的な問題や研究プロジェクトの整備などで最終的には四年ほどを要して日本語版サイトがオープンしました。

まず、ＩＡＴ日本語版のホームページから、「予備的情報」と記された次のページへと移動します。いろいろと心配を喚起するような記述になっていますが、これは一つには、心理学研究に関するアメリカでの厳しい倫理的な基準に準拠して作成されているためです。また他方、潜在的態度はその定義からも自身がアクセスすることができない（「アクセス」というのは認知心理学の専門用語で「接近」と訳されますが、その意味するところは、ここでは「知る」「認識する」「うかがい知る」といった意味です）ということがその特徴ですので、自分自身の反応についての結果でありながら、自身が予想していないような結果が自身にフィードバックされることがあり得ます。そしてそれはおうおうにして、自身が予想していないような否定的な結果であることのほうが多いといえます。そのため場合によっては、自身が予想していないような否定的な潜在的な態度を有しているという結果が出てくるかもしれないことを了解した上でIATテストに臨んでもらうことを保証するためのものです。具体的には、ジェンダー（性別）に対して何らステレオタイプ的な考え方をもっていないと顕在的に（意識的に）考えていたとしても、潜在的な態度としては男性に対して女性よりも好意的な考え方を（あるいはその逆の考え方を）もっていることが示されるかもしれず、そのことに対して心の準備をしておく必要があるということです。

さて、通常は「テストを受ける」というページからスタートしますが（https://implicit.harvard.edu/implicit//japan/takeatest.html）、一通り、IATを体験した後には、背景情報（background information）のページ（https://implicit.harvard.edu/implicit//japan/background/index.jsp）に目を通してみてください。そこでは、「IATの起源と測定」「IATに関するよくある質問への回答」「IATの結果に対する理解と解釈」「IATの応用に関する倫理的問題」などについてさらに詳しい情報がコンパクトにまとめられており、詳しい情報を得ることができます。

複数用意されているIATテストからいずれかを選んで実施すると、課題の説明に引き続いて実際の課題が始まります。課題終了直後に、個人ごとの潜在的態度・意識が画面上に表示されます。

なお課題自体は、課題プログラムをいったん自身のパソコン上にダウンロードしてきて、そのパソコン上で実施し、その数値結果をインターネット上のサーバに自動的に送り返して集計がなされ、そして結果が表示されるというプロセスをたどります。したがって、当たり前のことですが、インターネットの接続スピードやパソコン自体の性能によって結果が影響を受けることはありません。興味のある方は是非一度まずこのサイトを体験してみてはいかがでしょうか。

3●IATを用いたステレオタイプ関連研究

ＩＡＴ課題は、現在では多岐にわたる研究トピックに対して用いられています。その詳細については後に紹介することとして、ここではこれまでにＩＡＴが用いられてきた主要な研究トピックについて紹介しましょう。一つは「ステレオタイプ（stereotype）」を扱ったものであり、もう一つは「自己（self）」に関するものが主要な二つの研究トピックであると考えられます。いずれも、社会心理学における重要なトピックに属するものですが、「ステレオタイプ」と「自己」とが主要なトピックとして取り上げられてきた理由について考えることを通して、ＩＡＴ課題の特徴について考えていきましょう。

●ステレオタイプ的認知とは

ステレオタイプ（stereotype）とは、あえて和語にしようとすると「紋切り型」と訳されますが、これでは意味がうまく伝わらないため、そのままカタカナにして用いられることが一般的です。この一〇年、二〇年ほどの間に、日常の場面でもステレオタイプという用語が使われる機会が増えているようです。ステレオタイプとは、頭の中にあるイメージという説明がもっともわかりやすいのではないかと思います。厳密な表現をすれば、ある集団や集団構成員に対して社会的に共有されたイメージのことで、このイメージは実際には誇張されていたり誤っていたりすることも多いという特徴があります。社会階層や階級が明示的で固定的であるような社会においては、ステレオタイプを考える場合に集団という要素が支配的となります。その反面、階層や階級といった要素が明示的でない場合には、ステレオタイプをいだかれる対象としては、必ずしも集団や集団構成員ということが重要ではなく、たとえば「規範を守らない人たち」「○○を好む人たち」「△△ということを主張する人たち」といったような人たちに対していだかれるステレオタイプも重要な意味をもってくるといえるでしょう。このような例では、集団という要素が含まれていないわけではありませんが、ステレオタイプの対象は明示的な集団や集団構成員ではないことになります。たとえば具体的には、「そもそも、規範を守らない人たちというのは、成果が出なかったときに、その理由を自分自身にあるとは考えずに他の人のせいにしてしまうものだ」という言説があったとして、このとき、「規範を守らない人たち」というのは明確な集団（グループ／カテゴリー）ではありません。しかし、この言説を支持する人たちにとっては、「規範を守らない人たち」というのはおぼろげにであれ存在しており、批判の的になったり、時に排斥（社会的排斥）の対象になったりして、ステレオタイプや偏見に関わる問題を引き起こすことになります。

さて、このステレオタイプも、社会心理学において長年にわたって膨大な研究がなされてきた研究トピックです。ヨーロッパ社会やアメリカ社会では、そもそも多民族・多人種間での接触とそれによるコンフリクトに直面してきた社会であることや、階級や社会階層が相対的に明示的な社会であることに、ステレオタイプ研究に対する根源的なニーズが高いということがあるようです。

ステレオタイプとは、社会の中である程度共有されてはいるイメージですが、その中には必ずしも望ましくないものが多くあります。たとえば、「太った人は仕事上での自己管理ができない傾向にある」というのはアメリカでは一般的なステレオタイプの一つですが、このことを公衆の面前で堂々と述べたり、あるいは太った人を目の前にして直接的に言及したりすることは、この行為に対する社会的な非難を懸念して、通常はなされないものです。また現在のアメリカ社会で、「私は黒人の人は好きになれない」といった類の発言をするような人は、よほど反社会的な態度を意図的に表出したいという特殊な目的をもった人以外には存在しません。しかし長年にわたる歴史的な背景の中で培われてきた、特定の人種に対する否定的な態度や見方がまったくなくなっているということではなく、「非応答的」と総称されているような態度や考え方を測定されているということがわからない測定方法を用いた場合には、依然として否定的な態度や見方が存在していることが示されてきています（たとえばデヴァイン　一九八九）。この結果は衝撃的なものであったといえます。現在では、特定の人種に対する否定的な態度や見方を自分自身がもっているとは思っていない白人アメリカ人のほうが多数派といえるでしょう。しかしそのように考えている人たちも含めて、この現代において白人アメリカ人は特定の人種に対して否定的な態度を有していることが示されたのです。

このようにステレオタイプ研究には、ステレオタイプの内容をどのようにして測定すべきなのか、また測定できるのかという論点を常にかかえています。伝統的な測定方法は、質問紙を用いて直接的に尋ねるというもので、対照的に新規な測定方法は、非応答的な測度を採用したものです。社会的に抑制する必要があまりないようなステレオタイプ、たとえば「ラグビーの選手は体力がある」というようなステレオタイプの場合には、質問紙による測定と非応答的測度による測定との間には大きな違いが生じませんが、社会的に抑制をする必要があるようなステレオタイプの場合には、質問紙による測定と非応答的な測度による測定の間に大きな食い違いが生じることになります。なお現代先進国社会では、そもそも個人の背景的な情報によってその個人についての判断がなされるべきではないという考え方が浸透していますので、圧倒的に多くのステレオタイプがその程度に差はあれども、社会的には抑制されるべきものとして考えられているといえるでしょう。

ＩＡＴ課題は、もちろん非応答的測度に含まれるもので、その中でも潜在的なステレオタイプを測定できることになります。非応答的測度を用いた測定には、さまざまな困難さがつきまといがちです。この困難さは、測定方法論上では、信頼性と妥当性の問題として概括することができます。この問題については、また改めて論じることにしましょう。測定の上での難しさはあるのですが、通常ではうかがい知ることのできない、「隠された」態度や考え方を知ることができるという点で、興味を喚起するテーマであると考えられます。

●非意識的なジェンダーステレオタイプ

ノゼックたち（二〇〇二b）は、男女大学生が「数学」に対してどのような潜在的な連合を有しているかについて検討しました。

対象となったのは、イェール大学の男女学部生で、実際のSAT（アメリカの大学進学適性試験）の数学領域の試験成績スコアには、男女間で有意な性差はありませんでした（研究2より）。アメリカで二番目に歴史のあるイェール大学に入学できるような学生のレベルでは、数学の成績に性差はなく、そのような学生たちが実験の参加者である点にも留意してください。

ノゼックたち（二〇〇二b）は、四つのタイプのIAT課題を行い、四つの潜在的連合を測定しました。それを以下にまとめます。

「数学への潜在的な態度」
「数学に対する潜在的なアイデンティフィケーション」
「数学とジェンダーに対する潜在的ステレオタイプ」

「ジェンダーへの潜在的なアイデンティフィケーション」

これらは似通った面もありますが、ＩＡＴ課題で実際に用いられる「概念（concepts）」は異なっており、類似してはいるが異なる潜在的な連合であると位置づけられます。それぞれのＩＡＴ課題ごとに設定された概念を紹介すると次のようになります。

「数学への潜在的な態度」……〝数学〟―〝芸術〟、〝快〟―〝不快〟
「数学に対する潜在的なアイデンティフィケーション」
……〝自己〟―〝他者〟、〝数学〟―〝芸術〟
「数学とジェンダーに対する潜在的ステレオタイプ」
……〝数学〟―〝芸術〟、〝男性〟―〝女性〟
「ジェンダーへの潜在的なアイデンティフィケーション」
……〝男性〟―〝女性〟、〝自己〟―〝他者〟

このように、取り上げる概念を変えるだけで異なる潜在的な連合が測定できているといえるのか、という点については社会心理学の研究者の間でも、いろいろな考え方があり、否定的にとらえる人もいるようです。ただし、「操作的にとらえて、測定対象の潜在連合が異なる」と考える立場に立てば、このことは否定されないものと思われます。

さて、四つの潜在的連合のうち、男女間で性差が示されなかったものが一つだけありま す。それは、三番目に示した「数学とジェンダーに対する潜在的ステレオタイプ」でした。男女ともに〝数学〟と〝男性〟、ならびに〝芸術〟と〝女性〟が潜在的に強く連合してお り、その連合の程度には男女間での性差はありませんでした。つまり、男女ともに、潜在的ステレオタイプのレベルでは、〝数学〟と〝男性〟、〝芸術〟と〝女性〟を同程度にステレオタイプ化していたのです。

それ以外の三つの潜在的連合については、男女間で性差が示され、

(1)「数学への潜在的な態度」については、女性のほうが数学に対してより否定的な潜在的態度をいだいており、

(2)「数学に対する潜在的なアイデンティフィケーション」については、女性のほうが自己と数学とを潜在的に結びつけておらず(すなわちアイデンティファイしておらず)、

(3)「ジェンダーへの潜在的なアイデンティフィケーション」については、女性のほうが自己と女性を潜在的に結びつけて(アイデンティファイして)いることが示されました。

以上の知見をまとめると、成績優秀で、実際の数学の成績には男女差がないような大学

生男女においてさえも、「Math = Male, Me = Female, therefore Math is not equal to Me」という論文タイトルに示されているように、「数学は男性の学問」そして「私は女性」、ゆえに「数学は私には不向き」という潜在的な連合が形成され、女性が数学に対して顕在的（意識的）にアイデンティファイをすることは、女性の潜在的な連合との齟齬が生じてしまうと考えられます。

また、ノゼックとスミス（二〇一一）は、インターネット上でのProject Implicit Websiteで IAT課題（数学に関するIAT課題）に参加した五千一三九名を対象として、数学に対する潜在的態度を、性別および専攻領域によって比較しました。Project Implicit Websiteでの参加者は、大学生に限らず、年齢層は多岐にわたっています。対象者の平均年齢は、二七歳（SD = 一一歳）で、半数の参加者が二二歳よりも上の年齢でした。「STEM（Science, Technology, Engineering, Mathematics）と呼ばれる理数系の専攻を大学院まで専攻した者」「STEMと呼ばれる理数系の専攻を大学の学部教育まで専攻した者」「STEM専攻者以外（その他の人たち）」の三つのグループに分けて分析がなされました。

ここでは、数学に対する潜在指標のうち、「潜在的な数学 = 男性ステレオタイプ（Implicit Math = Male Stereotype）」の結果について具体的に紹介します。この潜在指標に対して二要因分散分析（「性別」二条件×「専攻」三条件）が行われました。結果は、「性別」×「専攻」の交互作用効果が有意な効果を示し、「数学＝男性（Math＝Male）」という潜在的なステレオタイプは、「STEM専攻者以外（その他の人たち）」グループにおいては、男女間で差異が示されなかった一方で、「STEM専攻を大学院まで専攻した者」「STEM専攻を大学の学部教育まで専攻した者」の両グループにおいては、有意な性差が示されました。すなわち、これらのSTEM専攻者においては、女性においては「数学＝男性（Math＝Male）」という潜在的なステレオタイプが男性よりも弱いことがわかりました。ノゼックとスミス（二〇一一）は、「潜在的な数学＝男性ステレオタイプ」指標でのこの交互作用効果について、STEM専攻の女性が、Math=Maleという潜在的ステレオタイプを低減させることによって認知的バランスを維持しているという解釈が成り立つと考察しています。

なお、ジェンダーステレオタイプに関しては、ラッドマンとグリック（一九九九、二〇〇一）も代表的な研究で、また知見も示唆に富む研究です。本書では、ラッドマンたちによる研究は、本章「意識的態度と非意識的態度の異同」節で紹介します。

●非意識的な集団間バイアス

集団間バイアスとは、自分が属している集団（内集団）と自分が属していない集団（外集団）との間で、集団に対する見方や評価において差異が生じることをあらわす概念です。自分が所属している内集団に対しては好意的な評価判断を行い、外集団に対しては非好意的な判断を行う傾向が私たちの基本的な判断の歪み（バイアス）として存在していることが社会心理学の領域で幅広く示されてきました。この集団間バイアスは、潜在認知のレベルでも生じているのでしょうか、それとも集団に対して意識的に評価を行う際に生じているのでしょうか。

集団間バイアスが潜在的にも生じるのかどうかについて、まず、基礎的な問題から確認していきたいと思います。最小集団状況という興味深い状況概念があります。たとえば、コインを投げて表が出たか裏が出たかによって、A、B二つのグループに分けられたとします。このグループ分けは偶然によって生じるものであるため、A、B二つのグループに実質的な意味や違いはありません。しかし、このような状況においてさえ、内集団バイアスが生じることがわかっています。このような状況は最小集団状況（minimal group manipulation）と呼ばれ、集団間バイアスの重要な概念の一つです。

この最小集団状況において、「潜在的な」集団間バイアスも生じるのでしょうか。アシュバーン－ナルドたち（二〇〇一）は、IATを用いて潜在的な集団間バイアスを測定し、最小集団状況において潜在的な集団間バイアスが生じていることを確認しました。

次に、集団間の問題に関連づけて、エスニック・アイデンティティを扱った研究について紹介します。エスニック・アイデンティティとは民族集団に対するアイデンティティのことで、通常は自分自身の民族（自民族）に対するアイデンティフィケーション（同一化）を指しています。「多文化」化が進展する中、近年では、これまで以上に重要な問題としてもとらえられてきています。また二つのエスニシティ・民族文化に対してアイデンティティをいだいている人たちも決して少数派ではなくなってきています。顕在指標を採用して進められてきた近年の多文化アイデンティティの研究では、少なくとも意識的には二つ以上のエスニシティ・民族文化に対して良好なアイデンティフィケーションがなされ得ることが示されていますが、潜在指標を用いた場合にはどのような知見が得られるでしょうか。

デイヴォス（二〇〇六）の研究1ではメキシコ系アメリカ人大学生を対象に、また研究2ではアジア系アメリカ人大学生を対象として、バイカルチュラル・アイデンティティに

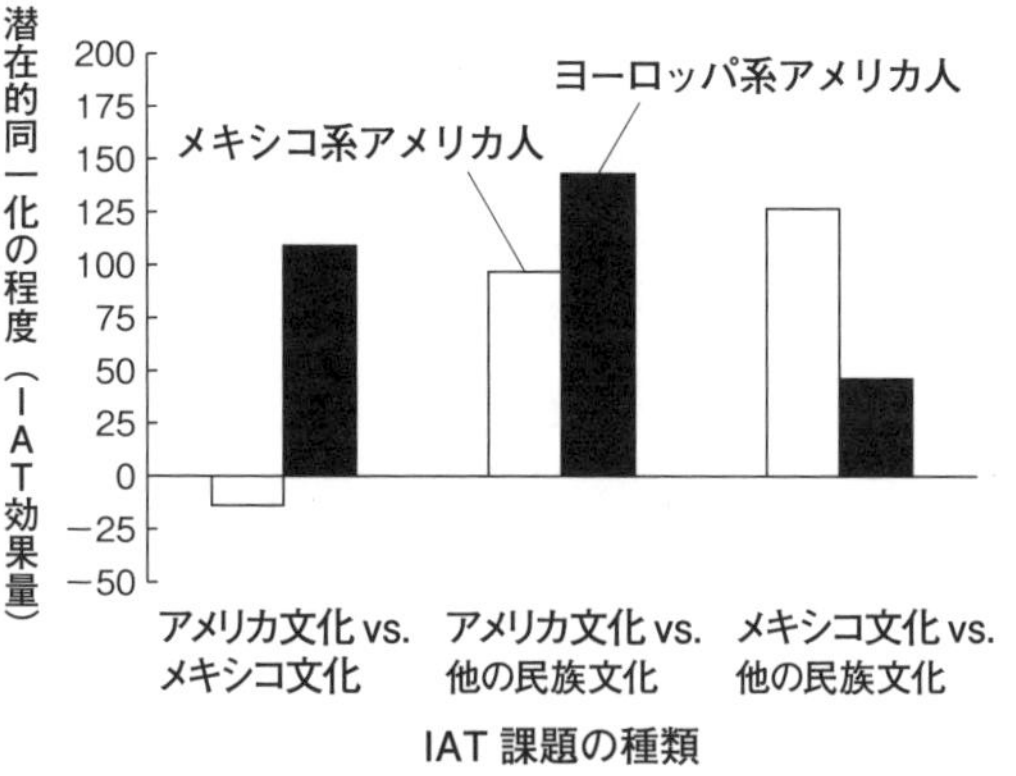

図８　デイヴォス（2006）研究１の結果（メキシコ系アメリカ人対ヨーロッパ系アメリカ人）

ついてＩＡＴを用いて潜在レベルで検討をしました。三二人のメキシコ系アメリカ人大学生と三一人のヨーロッパ系アメリカ人大学生を対象として、三つのＩＡＴ課題を実施し、潜在的なレベルでのエスニック・アイデンティフィケーションについて比較測定しました。

図８（デイヴォス 二〇〇六、研究１）がその結果です。少し複雑でわかりにくいのですが、縦軸はそれぞれのＩＡＴ課題において、左右に対比的に記載してある二つのエスニシティを対比した場合の、左側に記載してあるエスニシティに対する潜在的同一化（ＩＡＴ効果量ですので

潜在的選好ともいえます）の程度をあらわしています。左から順に、「アメリカ文化に対する選好（メキシコ文化と対比して）」、真ん中が「アメリカ文化に対する選好（他の民族文化と対比して）」、右側が「メキシコ文化に対する選好（他の民族文化と対比して）」を示しています。注目すべき知見は、メキシコ系アメリカ人の結果で、①アメリカ文化とメキシコ文化を比較したとき（一番左側の結果）ではIAT効果量はゼロに近く、両者に対して同程度の選好を有しています。②その一方で、アメリカ文化と他の民族文化を比較した際には（中央の結果）アメリカ文化への潜在的選好を示し、③メキシコ文化と他の民族文化を比較した際には（右側の結果）メキシコ文化への潜在的選好を示しています。このことから、メキシコ系アメリカ人大学生は、潜在レベルにおいて、アメリカ文化とメキシコ文化の両方に対するアイデンティティを同時に有しており、また両文化へのアイデンティティはバランスがとれているものと考えられます。

デイヴォス（二〇〇六）の研究2では五一人のアジア系アメリカ人大学生と三四人のヨーロッパ系アメリカ人大学生を対象として、三つのIAT課題を実施し、潜在的なレベルでのエスニック・アイデンティティを比較測定しました。

図9（デイヴォス 二〇〇六、研究2）がその結果です。結果の表示パターンは基本的に図8と同じで、縦軸はそれぞれのIAT課題において左側に記載してあるエスニシティ

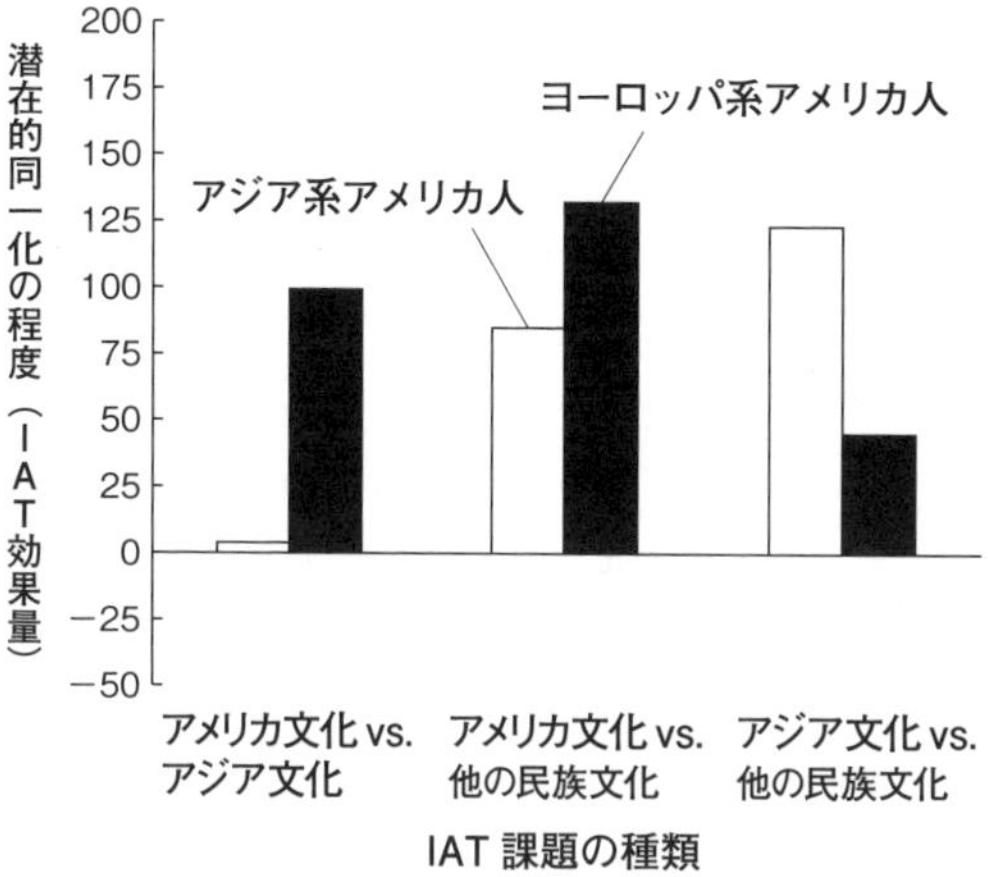

図9　デイヴォス（2006）研究2の結果（アジア系アメリカ人対ヨーロッパ系アメリカ人）

に対する潜在的選好の程度（IAT効果量）をあらわし、左から順に「アメリカ文化に対する選好（アジア文化と対比して）」、「アメリカ文化に対する選好（他の民族文化と対比して）」、「アジア文化に対する選好（他の民族文化と対比して）」を示しています。注目すべき知見は、ここでもアジア系アメリカ人の結果で、①アメリカ文化とアジア文化を比較したとき（一番左側の結果）にはIAT効果量はゼロに近く、両者に対して同程度の選好を有しています。②その一方で、アメリカ文化と他の民族文化を比較した際には（中央の結果）アメリカ文化への潜在的選好を示し、③アジア文化と他の民族文化を比較した際には（右側の結果）アジア文化への潜在的選好を示しています。このことから、アジア系アメリカ人大学生は、潜在レベルにおいて、アメリカ文化とアジア文化の両方に対するアイデンティティを同時に有しており、また両者に対してバランスよくアイデンティフィケーションがなされていると考えられます。

次に、集団間バイアスの問題の中で、集団間接触について紹介したいと思います。ロウェリーたち（二〇〇一）の実験2では、大学生を対象として人種問題に関わる実験研究を行う際に、実験者の人種（白人実験者か黒人実験者か）を実験的に操作しました。

この実験では、白人アメリカ人大学生（n＝一三二）とアジア系アメリカ人大学生（n＝一四〇）を対象として、紙筆版ＩＡＴを用いて実験が行われました。主要な実験要因（独立変数）は、実験課題での実験者が、白人であるか、黒人であるかです。

白人アメリカ人大学生が実験参加者の場合、実験者が白人の条件でも黒人の条件でも、一致ブロックの正答数のほうが不一致ブロックの正答数よりも多く、両条件ともに自動的な偏見（潜在的な偏見）が示されました。しかし重要な知見として、一致ブロックでの正答数は実験者の人種条件によって差異が示されませんでしたが、不一致ブロックでの正答数については、白人実験者条件よりも黒人実験者条件のほうが不一致ブロックでの正答数が多いことが示されました。すなわち、白人アメリカ人大学生では、白人が実験者を担当した場合に比べて、黒人が実験者を担当した際には、潜在的な人種的偏見が小さくなりました。しかしながら、アジア系アメリカ人大学生が実験参加者の場合には、このような実験者の人種の影響は示されず、実験者が白人か黒人かによって差異は生じていませんでした。これは、アジア系アメリカ人大学生にとっては黒人に対する差別や偏見の問題に責務を感じる必要が相対的に少ないからだと考察されています。

加えて、集団間バイアスを扱った研究として、アーマンたち（二〇〇二）を紹介します。アーマンたち（二〇〇二）の実験1では、ヒスパニック系アメリカ人（スペイン語圏出身の人たち）を対象として、ヒスパニックの人たちの中での皮膚の色（skin-tone）に注目しました。六二人のヒスパニック系アメリカ人大学生について、ＩＡＴ課題を用いて「皮膚の色が薄い人たち（Blanco）」と「皮膚の色が濃い人たち（Moreno）」に対する潜在的態度について測定したところ、皮膚の色が薄いBlancoに対して、潜在的に好意的な態度を有していました。しかし興味深いことに、ヒスパニック系アメリカ人においては、「白人」と「Blanco」ならびに「白人」と「Moreno」の間には、それぞれ潜在的選好は示されませんでした（アーマンたち 二〇〇二、図10）。これは、人種的な偏見に関して興味深い知見と考えられます。皮膚の色の濃さ（skin-tone）は人種問題を考える上で、顕現性

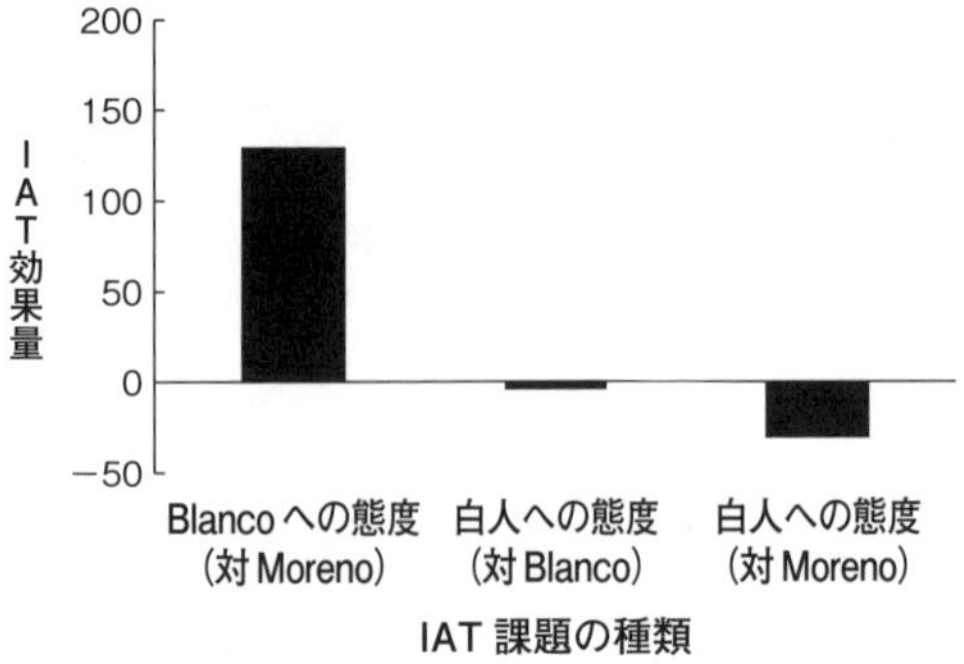

図 10　ヒスパニック系アメリカ人による潜在的態度
（アーマンたち，2002）

が高く、基礎的で重要なカテゴリー次元と考えられます。そして実際に、ヒスパニック系アメリカ人の人たちは、自分たちの内集団に対しては、皮膚の色が薄い人たち（Blanco）により好意的な潜在的態度を有していました。しかし同時に、ヒスパニック系アメリカ人の人たちにおいては、白人とBlancoの間、そして白人とMorenoの間にさえ、潜在的選好を有してはいませんでした。皮膚の色の濃さ（skin-tone）は顕現的ではあっても、その違いによる潜在的選好が生じない状況ならびにそういった人々が存在していると考えられます。

●意識的態度と非意識的態度の異同

ラッドマンは、ジェンダーステレオタイプの問題に関連してIATを積極的に用いて先進的な研究を進めている研究者です。ラッドマンとグリック（一九九九、二〇〇一）では、ジェンダーステレオタイプに合致しないタイプの女性が、協調性などの性格面において否定的な評価を付与されがちであるという「backlash effect（はね返り効果）」について検討しています。その際、両面価値的性差別理論（グリックとフィスク 一九九六）において主張されている〝作動性―共同性〟ステレオタイプを取り上げました。「作動的女性」とは伝統的なジェンダーステレオタイプに反するタイプで、「共同的女性」とは伝統的なジェンダーステレオタイプに合致したタイプです。

ラッドマンとグリック（二〇〇一）では、まず第一に、ラッドマンたち自身による先行研究であるラッドマンとグリック（一九九九）と同様に、いわゆる女性らしい仕事（the feminized job）の採用場面（を模した実験研究）においては、作動的女性（agentic women）は採用されにくいということを実証しました。またラッドマンとグリック（二〇〇一）では第二に、この採用場面での雇用差別（女性らしい仕事には作動的女性は採用されにくいこと）は、「顕在的な〝作動性―共同性〟ステレオタイプ」とは関連を示さなかった一方で、ＩＡＴを用いて測定された「潜在的〝作動性―共同性〟ステレオタイプ」とは関連を有していることを見出しました。すなわち女性に対するあるタイプの雇用差別（雇用における不利な扱い）は、顕在的ステレオタイプではなく、潜在的ステレオタイプによって規定されていることを実証しました。

本節の最後に、私自身が得た実験結果の解釈をきっかけとして考えたことについて紹介をしながら、意識的態度と非意識的態度の異同の問題について考えていきたいと思います。ここで主張したいことは、伝統的な自尊心尺度が「正しい」基準となる測度ではない、ということです。

私たち（私と研究室の学生）は、「ＩＡＴ課題でとらえた動的な潜在的自尊心の研究」と呼べるような実験研究を行いました（シオムラ 二〇〇二、大橋と潮村 二〇〇三）。これはＩＡＴ課題（厳密にはＧＮＡＴ課題）を用いた私たちのオリジナルの研究で、その結果は、潜在的な態度・意識を測るための新しい測度の特徴について考える大きなきっかけを与えてくれた実験研究です。研究の主たる目的は、ＩＡＴが動的な潜在的自尊心を測る上で有効な指標であることを示すことでした。

実験参加者（回答者）は、日本人の大学生四〇名（男性一四名、女性二六名）です。研究は自己開示（self-disclosure）に関するもので、他者に自己開示をする前後で、顕在的自尊心（もっとも代表的な指標はローゼンバーグ（一九六五）による一〇項目からなる自尊心尺度）と潜在的自尊心がどのように変容するのか（あるいはしないのか）について検討した研究です。

結果は、他者に自己開示をする前後において、ローゼンバーグの尺度を用いて測定した自己に対する顕在的な意識・態度（顕在的自尊心の程度）には変化が認められなかった一方で（変化が認められなかった理由の一つには、顕在指標における「係留効果」が影響しているものと考えられます）、IAT／GNAT課題で測定した自己に対する潜在的な意識・態度（潜在的自尊心）にはさまざまな変化が認められたというものです。

この知見は、潜在的態度と顕在的態度の異同というトピックに関して明確な主張を含んでいると考えられます。ここでは、顕在的自尊心測度と、IAT／GNAT課題で測定される潜在的自尊心測度との関係性が主要なテーマとなっています。

ローゼンバーグ尺度（ローゼンバーグ 一九六五、日本語訳は、山本たち 一九八二）によって測定された自尊心（自尊感情、自己評価とも呼ばれます）は、自己開示前後における自尊心の変化を測定できなかったことから、「万能な測度」ではないものと考えられます。また、この研究での測定結果は、ローゼンバーグ尺度による顕在的自尊心の結果とI

AT／GNAT課題による潜在的自尊心の結果が直接的に関連するものではないことを示しています。社会心理学の世界では、「自尊心」に関する長い年月にわたる研究の中で、ローゼンバーグ尺度は基準となるようなものとさえみなされる傾向にあるため、ローゼンバーグ尺度による測定結果と合致しない測度は不適切なものとしてみなされがちでした。たとえば、自尊心に関わる新規な尺度を開発した場合には、ローゼンバーグ尺度との関連性が認められない場合には「不適格」な尺度とみなされてしまいます。新しい尺度がローゼンバーグ尺度と類同した概念を測りたいという場合で、かつ、伝統的な尺度評定法を用いている場合には、この考え方は合理的といえます。しかし、IAT／GNAT課題を用いた潜在的自尊心測度に対しても同じようなとらえ方をされることが決してまれではなかったのです。すなわちローゼンバーグ尺度の結果と直接的に関連しない潜在的自尊心測度は不適格・不適切な測度であるという考え方です。

しかし、この考え方は間違っているといえます。なぜならばローゼンバーグ尺度による顕在的自尊心測度と、IAT／GNAT測度による潜在的自尊心測度とは、自尊心に関する別々の側面を測っているものだからです。両者は、測定したい構成概念が異なっているのです。別個の側面を測定している以上、結果に食い違いが生じることは問題ではありません。このように考えてしまうことは、潜在的測度について考えていく際の典型的な

「ピットフォール（落とし穴）」です。ローゼンバーグ尺度に対する絶対視というとらえ方が、このように考えてしまうことの原因と考えられます。ローゼンバーグ尺度によって測定された結果こそが自尊心であり、それと合致しない測定結果は、測定上の誤りか、測度が不適切であるかのいずれかと考えるべきなのだという誤った考え方です。ローゼンバーグ尺度が絶対的なものではないのです。

潜在指標を活用している研究者がこのように論じると、「IAT研究者は、潜在指標の重要性のみを声高に主張し、顕在指標を不適切な指標とみなしている！」という否定的なとらえ方をされがちなのですが、これも誤解です。

私も含めてIAT研究者の多くは、潜在的自尊心（あるいは潜在指標）のみが重要だと主張しているわけではないのです。回答者が意識的に考え、それを表出した顕在的自尊心にも、「自尊心（自尊感情／自己評価）」に関する重要な情報が含まれていることは間違いないでしょう。ただし、顕在的自尊心のみに（過度に）依存してきたこれまでの自尊心に関するとらえ方が適切であるとはいえず、顕在的自尊心と潜在的自尊心の双方が重要な指標であると主張し、両方の測度を両立させていくためにIATの活用が有用であると主張しているのです。

4・非意識に関わる研究の広がり

●非意識測定のメリット

私たちの「非意識的な態度」は、私たちが社会に生まれ落ちた時点から今までの「社会化」のプロセスで形成されてきたものと考えられ、社会の縮図ともいえる「態度」です。そのため、社会の中でたとえばある人種などに対して否定的な見方・態度が存在している場合には、その社会に生まれ落ちた子どもは、世の中のあらゆるルールや価値観を学んでいく過程で、不可避的にその否定的な見方や態度を自身の態度として取り入れることとなり、どこかで学んだとか、何かの経験から意識をしたなどということもなく、自身の「非意識的な態度」となると考えられます。ただし、このようなベースの上で、個々人の諸経験と、パーソナリティや考え方とも相互作用しながら形成されてきているという側面もあります。そのため、「非意識的な態度」にも個人差（個々人ごとの差異）が存在することになります。しかし、この「非意識的な態度」は、非意識的ゆえに通常は意識されませんか。また、「非意識的態度」に注意を向けようとしても、正確に認識することはできません。ですから、潜在的には人種偏見が強い人も、「私は人種偏見などまったくいだいてはいない！」と（主観的には）〝自信をもって〟主張することさえ可能になります。

また、個人的経験や、考え方などの影響も受けることから、「非意識的態度」は決して不変のものでもありません。ただし、比較的安定性の高いもので、簡単に〝コロコロ〟と変わる（あるいは変えられる）というわけでもありません。

すでに触れたように、これまでにもこの「非意識」（無意識という言葉を使う人もいます）はさまざまに論考され、また測定が試みられてきたのですが、科学的検証を経たものではなく、科学と呼べるものではありませんでした。

ＩＡＴは、科学的検証を経た初めての「非意識的態度」測定法といえるもので、これまでは測定できなかった「非意識」を科学的に測定し、また自身の「非意識」をきちんとした方法で測定できることになります。これは画期的で、その活用は際限のないものかもしれません。少なくともＩＡＴを用いて「非意識」を扱っている研究者の多くは、そんな姿勢で研究に取り組んでいる面があるものと思います。

少し、逸話的な話になってしまいますが、アメリカでの私の指導者であったバナージ先生は私がバナージ先生のラボに籍をおいていた当時、イェール大学からハーバード大学に引き抜かれるオファーをもらっており、そのオファーを受けてハーバードに移るという決断をするかどうか、大変迷われていました。そのとき、ラボの大学院生に「Yale-Harvard IAT」なるIAT課題を作成してもらい、バナージ先生ご自身でその課題に取り組んでおられました。二つの大学（選択肢）に対する自身の潜在的態度を知ることは、特別な方法なしにはできませんので、IAT課題を用いてご自身の潜在的な大学選好を測定されていました。

●非意識的態度の形成とその変容

「非意識的な態度」は特殊な課題を用いて形成することもできます（レーンたち 二〇〇〇、二〇〇一）。レーンたち（二〇〇〇、二〇〇一）は、「練習課題」と称して、特定の「概念」と属性との間に新たな潜在的連合（非意識的な態度）を形成することに成功し、「直接的な経験」は、非意識的態度の形成において必須のものではないことを示しました。

また、簡単にというわけではありませんが、非意識的態度は変容をさせることもできます。ラッドマンたち（二〇〇一）は、多様性（diversity、文化的多様性）に関する教育プログラム（具体的には、偏見と葛藤セミナー）が、意識的な態度（顕在的態度）と非意識的な態度（潜在的態度）に及ぼす影響について検証しました。その結果、「偏見と葛藤セミナー」が、意識的な態度と、非意識的な態度の両方に有効であったことを示しています。それゆえ、容易には解決できないような現実社会におけるさまざまなステレオタイプや偏見の問題に対して、非意識的態度の形成とその変容のメカニズムついて知ることは、その解決策の一つの方策として活用できることになります。

●潜在的自己評価（潜在的自己観）

それでは、ここでもう一度、自己（self）のトピックに戻って、ＩＡＴ課題を自己に関する研究に適用する意義について考えていきましょう。

自己に関わる心理科学の概念には多くのものがあります。その中で、中核的な概念の一つに、自尊心（自尊感情、自己評価とも呼ばれます）があります。これは自分自身のことを自身がどれだけ価値のある人物であると考えているかをあらわしている概念です。この概念は人々の行動や意識を広範に規定しているきわめて重要な概念です。そのため、自尊心を測るための多くの質問紙尺度が開発されてきました。多くの質問紙尺度が開発されてきた中でも、長い年数にわたってスタンダードとしての位置を占めてきた尺度に、前章でも触れたローゼンバーグ（一九六五）による自尊心尺度があります。これは一〇の質問項目からなる尺度で、具体的な質問項目を見てみると次のような項目が含まれています（訳出については山本たち（一九八二）によります）。「少なくとも人並みには価値のある人間である」「いろいろな良い素質を持っている」「敗北者だと思うことがよくある」「物事を人並みにはうまくやれる」といった項目です。これらの項目を用いたローゼンバーグの自尊心尺度は、安定的な測定結果を示し、また多くの社会的行動や社会的意識を説明することに成功してきました。

しかし、ここで皆さんにもう一度、質問項目を振り返って考えてみていただきたいのですが、これらの質問項目に対して「ハイ」と明示的に回答する人たちとはどのような人たちでしょうか。まず、人前で回答を求められている場合に、この種の質問項目に対して「ハイ」と回答している人が存在している状況を想定することはかなり難しいでしょう。また、これらの質問項目への回答結果が他者には知られるようなことがないと保証されているような状況におかれていたとしても、自己に対して慎み深くあるべきであるとか、不敬・不遜は慎むべきであるというような社会的・文化的な基準に抵触してしまうため、

「ハイ」と回答することには困難があるのではないでしょうか。このように考えてみると、このローゼンバーグ（一九六五）の自尊心尺度によって測定される自尊心の高さの程度というは、本当に測りたいと考えている自尊心を測ることができているのかについて疑問が生じてこないでしょうか。ここで主張したいことは、ローゼンバーグ（一九六五）によって開発された自尊心尺度が不適切な尺度であるということではありません。少なくとも完全無欠の万能な尺度ではなく、自尊心という真に測りたい概念の特定の側面を測っているというように考え、絶対的なものとしてある種の神聖視をすべきではないだろうということなのです。

ここでIAT課題が貢献できることについて考えてみましょう。IAT課題を測定対象としている「潜在的態度」の定義は、「潜在的態度とは、内省によって同定することのできない（あるいは、内省によって正確に同定することのできない）過去経験の痕跡であり、社会的な対象への好意的あるいは非好意的な感情・思考・行動を媒介するもの」（グリーンワルドとバナージ 一九九五）と定義されています。この定義をもとに考えていくと、意識的に覚知することができないということは、意識的にコントロールすることができないことを意味していると考えられます[14]。自己研究においても、ステレオタイプ研究においても、反応が表出される際に意識的にそれを調整して表出してしまうということが一つの限界として存在していました。しかしＩＡＴ課題を用いて測定された潜在的態度では、そのような意識的なコントロールは不可能であると考えられることから、この限界を克服することができます。この点において、自己研究はＩＡＴ課題を採用することで大きくその射程を広げることができたといえるでしょう。

ＩＡＴ課題を用いて自尊心を測定しようとするパラダイムでは典型的には、概念として「自己」と「自己以外」、属性として「良い」と「悪い」を取り上げます。潜在的に自己を良いものとしてとらえている回答者においては、提示される刺激語が「自己」か「良い」に属する単語の場合に一方のキー、「自己以外」か「悪い」に属する単語である場合にはもう一方のキーを押すことを求める課題（一致ブロック（congruent block））において、潜在的に自己を良いものとはとらえていない回答者に比べて、この課題をより速く、またより回答エラーを少なく実行することができると考えられます。このような枠組みを用いて測定された自尊心を、潜在的自尊心と呼んでいます。なおこの潜在的自尊心を測定してみると、自己卑下や自己謙遜が文化的価値として明確に存在している日本人を対象にした

14　この点については、この立場を支持しない理論的な枠組みも理念的には考えることができます。

場合でも、圧倒的大多数の回答者は、潜在的には自己を良いもの（望ましいもの）として認識していることがわかっています。

この点については、文化的自己観の問題に関連してさらに多くの興味深い問題設定について考えていくことができますが、それはまた別の機会に論じることとしたいと思います。自己（self）研究のためのＩＡＴ課題パラダイムの活用については先ほど簡単に論じましたが、この節からさらに詳しく紹介していくことにします。その過程で、海外での研究知見と対比する形をとりながら、私自身による研究の知見についても紹介していきたいと思います。私がアメリカから帰国した後に、日本で独自に始めた研究は、二者間の直接コミュニケーションに関する実験です。コミュニケーションに関わる研究の中でも、二者間での自己開示の研究に取り組みました。日本人は一般に自己開示に抵抗感を感じていますが、中でも、「否定的内容の自己開示」には強い抵抗を感じる人が多いです。そのようなコミュニケーション前後での自己観の変遷（顕在的自己観、潜在的自己観ともに）について実証的に調べていきたいと考えました。余談になりますが、二〇〇六年にバナージ先生を日本にお迎えし、東北大学（仙台）での講演の前に、温泉などにお連れしました。その際このお話をしたところ、バナージ先生は「大変興味深い」とおっしゃってくださいました。このことは、その後、私の「励み」となっています。

自己研究のためのＩＡＴ課題では、「自己」と「自己以外」を取り上げることがもっとも典型的であることを紹介しましたが、他にも「自己」と「他者」という概念を取り上げることもできます。この場合には、自己についての意識や評価を、他者に対する意識や評価と対比的なものとしてとらえるという枠組みに立っています。

世界で最初に潜在的自己を測定したファーンハム（ファーンハム 一九九九、後に、グリーンワルドとファーンハム 二〇〇〇として公刊）の研究を例にとって紹介していきましょう[15]。「自己」概念に属する言葉として「I」「my」「me」「mine」「myself」の五語、「他者」概念に属する言葉として「they」「their」「them」「theirs」「other」の五語、「良い」概念に属する語として「happy」「joyful」「smiling」「wonderful」などの快語、「悪い」概念に属する語として「angry」「terrible」「hate」「painful」などの不快語が用いられました。なおここで、どのような言葉を用いることにするのか、また各概念に属する単語数をどのくらいに設定するのかによって結果が変わってくるようなことはないのだろう

15　この枠組みはファーンハム（一九九九）、グリーンワルドとファーンハム（二〇〇〇）による研究だけではなく、その後もノゼックたち（二〇〇二ａ）などの研究においても引き続いて採用されている枠組みです。

か、という疑問をいだく人がいるかもしれません。その疑問は正当なものです。また、ここで疑問としてあげたことが生じているようならば、このＩＡＴ課題は望ましい測度（測定課題）ではないということになります。実際には、ＩＡＴ課題パラダイムに関する初期の研究においてこの点については検証されており、用いられる単語の種類や単語数に関しては、よほど特殊な単語やよほど多くの単語を用いたりしない限りはＩＡＴ課題での結果に影響を及ぼさないことが認められています。このような性質を頑健性といい、ＩＡＴ課題は用いられる単語や単語の数に関して頑健な測度である、といえます。

この自己ＩＡＴ課題における一致ブロック（congruent block）は、「自己」か「良い」に属する単語の場合に一方のキーを、また「他者」か「悪い」に属する単語の場合にもう一方のキーを押すように求められる課題となります。不一致ブロック（incongruent block）としては、「自己」か「悪い」に属する単語の場合に一方のキーを、また「他者」か「良い」に属する単語の場合にもう一方のキーを押すように求められる課題となります。

潜在的自尊心の程度をあらわす潜在的自尊心スコアは基本的には次のようにして算出されます[16]。

潜在的自尊心スコア
＝不一致ブロックでの平均反応時間－一致ブロックでの平均反応時間

この課題では多くの回答者においては、不一致ブロックのほうが困難な課題であり、反応時間が長くなります。その一方、一致ブロックでの課題は相対的に簡単な課題であり、反応時間は短くなります。したがって、潜在的自尊心スコアは多くの回答者において正（プラス）の値となる傾向があります。ここで、潜在的に自己を非常に良いもの（肯定的なもの）と認識している回答者では、不一致ブロックでの反応時間は長く、一致ブロックでの反応時間は短くなる傾向が顕著になります。そのため潜在的自尊心スコアは大きな値となります。逆に、潜在的に自己をそれほど良いもの（肯定的なもの）と認識してはいない回答者では、不一致ブロックでの反応時間はそれほど長くはなく、一致ブロックでの反応時間はそれほど短くはないものとなり、潜在的自尊心スコアはあまり大きな値とはなら

16　実際にはもっと複雑な計算式を経て算出されますが、基本は本文で述べた算出方法によります。実際の計算式については、グリーンワルドたち（一九九八）（Original IAT Paperと呼ばれています）やグリーンワルドたち（二〇〇三）（改良された得点算出法について説明した論文）を参考にしてください。

ない傾向にあります。このスコアは、各回答者における潜在的自尊心の高さを正比例的に反映[17]していると考えられることになります。

別の言葉で表現すると、IAT課題を用いた潜在的自尊心の測定とは、「自己」／「他者」概念と「良い」／「悪い」概念間の潜在的連合（潜在的な結びつき）の強さによって測定されるとする考え方であるといえます。

潜在的自尊心について初めて検討したグリーンワルドとファーンハム（二〇〇〇）では、まず確証的因子分析という統計手法を用いて、「潜在的自尊心」と「顕在的自尊心」とは、測定上も別個の概念であることを確認しました。ただし、両者の間には弱い相関関係が示されています。また続く実験研究においては、潜在的自尊心の予測的妥当性について検討しました。具体的には、IATによって測定された潜在的自尊心が予測的妥当性を有するならば、潜在的自尊心が高い人と低い人とでは、成功体験と失敗体験に対する反応が異なることが予測されます。実験研究では、成功体験を経験する群と失敗体験を経験する群とを実験的に作り出しました。その結果、潜在的自尊心が高い人と低い人とでは反応が異なり、IATによって測定された潜在的自尊心が予測的妥当性を実証しました。

17　このような性質を備えた測度を、心理測定の世界では比率尺度と呼び、もっとも情報価値の高い尺度の性質をあらわしています。

●顕在的／潜在的自尊心それぞれの長所と短所

顕在的自尊心と潜在的自尊心の双方が重要であるという主張を理解していただいたところで、顕在的自尊心と潜在的自尊心の関係性についてさらに詳細に考えていきましょう。ここでは、潜在的自尊心と顕在的自尊心について、それぞれの長所について考えていきます。まずは顕在的自尊心測度が優れている点についてです。

顕在的自尊心測度が優れている点

（1）測度の完成度が一般に高い

顕在的測度は圧倒的に多くの場合、尺度（質問項目群）に対する評定というスタイルで測定がなされます。これは汎用性に富むもので、いったん、開発がなされ公刊された尺度は基本的には誰でもが幅広く用いることができます。ローゼンバーグの自尊心尺度は言うに及ばす、自尊心に関連した概念だけに限っても関連するさまざまな概念が提唱され、またそれぞれに尺度が開発されています（さまざまな自尊心概念については、たとえば、遠藤たち（一九九二）などが詳しく紹介しています）。

これらの尺度は、心理学的測定（心理測定）に関する理論と、この理論にもとづく尺度構成法と呼ばれる方法論にもとづいて作成され、その手順についても標準化されています。したがって公刊された尺度は、一般に完成度が高いものとなっているはずのものです。

(2) 知見が豊富で、安定的

公刊された尺度は、心理科学の「研究知見の総体（リテラチャー（literature））」として、研究が蓄積されていきます。自尊心に関する諸尺度については、何百あるいは何千という研究結果が蓄積されてきており、特定の研究で用いられている自尊心尺度がどのような特性をもち、また他の変数とどのような関係が認められるであろうかについての知見が存在しています。また、各々の尺度に関して、非常に多くの研究を通じて検証がなされていることが一般的であるので、得られている知見は安定的なものであることが期待されます。

(3) 自己の安定的側面の測定に有効

自己（自己意識や自己観）というのが、変動的（動的）なものであるのか、固定的（安定的）なものであるのかということは、理論的にも興味深い問題です。現代的な動向からすると、これまでに考えられてきていた以上に変動し得るもの（動的なもの）であるという見方が優勢のようです。主として尺度に対する評定によって測定を行う顕在的自尊心は、自己の安定的な側面を測定する上で有効であると考えられます。後に詳しく説明する再検査信頼性という概念がこの問題と関わってきます。これは、複数時点にわたって測定をした場合にも同様の結果が得られるかどうかという点を問題としています。一般に、パーソナリティ（性格や人格）を測るための尺度には、この再検査信頼性が高く保たれていることが要求されます[18]。パーソナリティというものは変わり得るものであると考えられますが、かなりの程度永続的な傾向をもつ特性として考えられています。パーソナリティは一般的には安定した個人差特性であると考えられ、確かにこのことは人々の行動傾向を説明し理解する上で有用なことです。安定的にとらえた自己の側面というのも重要であり、このことと深く関連している再検査信頼性は、尺度による顕在的自尊心測度において高く保たれていることが一般的であり、この点で顕在的自尊心測度は優れています。

次に、ＩＡＴ課題（ＧＮＡＴ課題を含む）に代表される技法によって測定される潜在的自尊心測度の優れている点（長所）について考えていきましょう。

18　あえて変動性が高いことに価値をおく尺度もありますが、ここでは議論が複雑になるので省略します。

潜在的自尊心測度が優れている点

(1) ようやく手にし得た測度(潜在的認知測度)

これまでにも述べてきたように、非意識的あるいは無意識的な態度や意識を測定したいということは、心に関わる研究領域での長年の夢でした。厳密に述べれば、IAT課題以前にそのようなことがまったく不可能であったというわけではありません。ただし、測定や数量化の方法が恣意的であったりして科学的な測度とはいえないものや、社会や対人関係に通常関わり合ってくるような身近な領域での測度ではなく、もっと生理学などに近いような領域での測度に限られていました。それらに比して、IAT課題によって測定される潜在的な態度や意識(自尊心に関していえば潜在的自尊心)は、私たちが社会で生活していく上での心を考えた上で有用な非意識/無意識を科学的に測定することを可能にした手法といってもよいでしょう。

私自身の個人的な話になってしまって恐縮ですが、私が心理学の勉強がしたいと思って大学へ入学した一九八〇年代半ばごろ、非意識や無意識について取り上げることは非科学的な立場からとらえるしかなく、一般的な心理学研究のパラダイムとしては許されないことという風潮でした。大学院の修士課程・博士課程に進学した一九九〇年代始めにおいてものことは変わっていませんでした。高校生のころにはよくあることでしょうが、フロイトに代表される無意識という考え方に刺激され、無意識の心にはたらきの解明を目指したいと考えていた一青年にはある意味で失望の経験だったとも位置づけられます。それから十年ほど経った二〇〇〇年前後になって、ようやく非意識・無意識を心理科学的に扱うことができるほどに心理学が進展したのです。個人的な思い出という形で述べましたが、IAT課題の登場は画期的なことといえるでしょう。

(2) 検討に値する広大な領域が未開拓

意識的な認識を伴った態度については、心理学の百年以上に及ぶ歴史の中で、さまざまな研究がなされてきました。また心理学以外の領域においては二千年以上にわたる学問の歴史の中でさまざまに思弁的な(すなわち、頭の中で考えを進めることによる)方法論によって膨大な検討がなされてきたともいえるでしょう。

そういった中で、現在、IAT技法が発表されてから十数年しか経過していません。この数年の間に、IATを用いた研究は急激なスピードで増えていき、多くの研究が行われてきましたが、それでもこれまでに顕在的な指標を用いて行われてきた研究の数に比べれば、微々たるものに過ぎません。これから先、一つにはこれまでに顕在的な測度を用いて行われてきた諸研究に対して、潜在的な測度を加えることによってどのような結果が示されるのか、また顕在的な測度と潜在的な測度の両者を比較対照することによってどのように知見を拡張していけるのかということに取り組んでいくことができますし、また取り組んでいかなければなりません。さらには、これまで顕在的な測度だけでは扱うことができなかった研究パラダイムを開発・展開していくことが可能となってきました。

潜在的な測度を用いることによって、これから検討をしていくことが期待される広大な領域が広がっているのですが、研究する側の人の数がまだまだ足りないのが実状といえるでしょう。

(3) 自己の動的で可変的な側面の測定に有効

潜在的自尊心に関して考えていくと、自己に対するとらえ方(自己意識や自己観のあり方)として、先ほど一般には、パーソナリティ(性格や人格)を測るための尺度には、再検査信頼性が高く保たれていることが要求されることと、パーソナリティは変わり得るものであると考えられるとともに、かなりの程度永続的な傾向をもつ特性として考えられていることを説明しました。そして、現代的な研究動向からすると、これまでに考えられてきていた以上に変動し得るもの(動的なもの)であるという見方が優勢であることを述べました。

中でも自尊心は、日々の生活の中で体験するさまざまな出来事や時間的な推移によって変化している側面があることは経験上否定しがたいものと考えられますが、その変化を測定することは、少なくとも顕在的な尺度評定を用いる場合には困難である傾向が強いものです。それは回答者自身の意識的な判断が、適切な測定の妨げになっているためと考えられます。ここでもIAT課題を用いることで、この問題を回避することができるといえるでしょう。IAT課題での測定は、自身が意識していない態度や評価を測定しており、また自身の回答を意識的に調整して表出することができないことから、回答者自身の意識的な判断は介在しないと考えられるからです。

●顕在測度の問題点と潜在測度による対応可能性

続いて、顕在測度がかかえる「係留効果」という問題点と、潜在測度を用いることによる対応可能性について、自尊心概念を取り上げて実際の実験研究をもとに考えていきます。

自尊心に関して、自尊心とは動的で変動し得るものという考え方と測定道具は、実はかなり以前から報告されてきました。状態自尊心（state self-esteem）という概念と、状態自尊心尺度と呼ばれる測度がそれに相当します。この状態自尊心というのは、先に示したローゼンバーグ尺度に代表されるような、固定的で安定的なものととらえられる傾向の強い自尊心を特性自尊心（trait self-esteem）ととらえ、その対比的な概念として提唱されたものです。

それでは具体的に、状態自尊心尺度項目（ヘザートンとポリヴィ 一九九一）の項目内容を見てみましょう（訳出は舘と宇野 二〇〇二によります）。ヘザートンとポリヴィ（一九九一）によるオリジナルの英語版尺度では五因子が抽出されていますが、舘たちによる日本語版尺度では三因子が抽出されているという相違点が見出されています。ここでは日本語版について具体的に見ていきたいと思います。日本語版尺度から抽出された五つの因子とは第一因子から順に、「学問的能力」「評価不安因子」「内的不快感因子」「外見因子」「自意識過剰因子」の各因子です。これらの因子でもっとも因子負荷量が大きかった項目について例示すると次のようになります。

「私は、人並みに頭がよい」（学問的能力）

「他人が、どのように私のことを思っているのか心配である」（評価不安因子）

「自分の行いにいらいらしている」（内的不快感因子）

「今の自分の体型に満足している」（外見因子）

「私は、自意識過剰である」（自意識過剰因子）

確かに、これらの項目内容を見てみると、当人がおかれたさまざまな状況によって、自尊心の程度は変容し得る側面も存在しているように思われます。

私自身もゼミの学生と一緒に、この状態自尊心尺度を用いて、実際に研究を行ってみました（たとえばシオムラ 二〇〇二、大橋と潮村 二〇〇三）。しかしながら、自己開示を行う際にその自己開示に対して相手が受容的な態度をとる条件と相手が非受容的な態度をとる条件とで、自己開示前後での状態自尊心の変容をこの状態自尊心尺度を用いて測定しようとしても、自己開示の前後で差異（変動）は測定されませんでした。状態自尊心尺度項目を見てみると、先にも述べたように、日々の生活の中で当人がおかれたさまざまな状況によって変化が生じ得るように考えられますが、自己開示の前後において、状態自尊心尺度に対する評定値はほとんど変化を示しませんでした。

このような結果に至ったことの理由として、一つの可能性としては、状態自尊心自体が本当は変動していないということも考えられますが、通常は他者には話さないような「否定的な内容（望ましくないような内容）」の自己開示を行った後の〝心のざわつき〟とでもいうようなものを考えると、この可能性は低いのではないかと考えられます。少なくともそれ以外に、「係留効果（anchoring effect）」と呼ばれる意識的な心理過程が反映していることも間違いないものと推測されます。

この係留効果という心理学の専門用語の語源は、船のイカリを降ろして停泊中に船が移動してしまわないようにするanchor（つなぎ止める、イカリで固定する）という言葉に由来しています。この係留効果は、もともとは物の見え方や感じ方について扱う知覚心理学という基礎的な知覚・認知を扱う領域で検討されてきた効果ですが、近年の心理学ではより社会的な文脈でも用いられており、この状況に即していえば、自己開示前に評定を行ったことが「係留点（anchor）」となって、自己開示後に評定を行う際に、前回の評定値と類同する評定をガイドするようなはたらきをしたということができるものと思われます。すなわち、自己開示の前後で、状態自尊心尺度を用いて測定を二回行う場合、回答者は自己開示の前に自身がどのような回答（評定）を行ったかを覚えています。そのため自己開示後の評定においても、自己開示前に自分が行った回答を覚えているために、その回答に〝つなぎ止められて（anchorされて）〟しまい、同一の評定値を回答する傾向がみられます。これは、本来測りたいと考えている、変動的な（すなわち移ろいゆく）自己意識の測定を妨げる効果です。先ほども紹介したように、実際の研究結果（シオムラ 二〇〇二、大橋と潮村 二〇〇三）は、一回目と二回目（自己開示の前と後で）驚くほど同じような評定がなされていました。

その一方、ＩＡＴ課題を用いた潜在的自尊心を測定してみると、確かに自己開示前後での変動（差異）が示されていました。したがって、確かに係留効果によって差異を見出すことができなくなるという問題は回避できていると考えられます。自己開示前後での潜在的自尊心の変化を詳しく検討していくと、実はそこには一見予想外の結果パターンが示されていました。潜在的な態度や意識を、これまでの顕在的な測定での態度や意識で示された知見から単純に予測をすることには限界があることを痛感させられた研究でした。

このようにＩＡＴ課題による潜在的自尊心の測定は、自己の動的で可変的な側面の測定に有効であると考えられます。この点についても、これまでは科学的な測定という点で信頼に足る測度は存在していなかったものです。

5・非意識的態度で新たに予測できること

ここでは、非意識的態度で新たに予測できることとして、非意識的態度による行動の予測について考えていきます。ＩＡＴ課題で測定された潜在的態度が、非意図的な行動と関連することを示した研究について紹介していきましょう。非意図的な行動といってもたくさんの種別がありますが、社会的ステレオタイプ論の領域では、明確に自分が意図していない行動を「非応答的な（unobtrusive）」行動として扱ってきました。これは測定の対象者自身が、研究者側から測定をなされているということに気づくことが困難な行動や、研究者側から測定されていることがわかっていてもそれをコントロール（統制・制御）することが難しい行動のことをあらわしているといえます。こういった測度（非応答的な測度）を取り上げることによって、社会的な望ましさによって取りつくろわれた行動や態度ではない測定が可能となります。

潜在的態度の特徴は、自身で意識的にコントロールできないというものでした。したがって、社会的ステレオタイプの研究領域においては、この潜在的な態度がもとより重要な位置づけを占めているといえます。

●行動予測のモデル化

最初に、潜在的態度（ならびに、潜在的態度と顕在的態度の両者）によって、「行動」をどのように予測することができるかについて、そのモデル化について考えていきたいと思います。ここでいう「行動」には、「潜在的行動」と「顕在的行動」の両者を含みます。行動を予測することはかなり難しく、心理学の歴史の中では、「態度」（顕在的態度）による行動予測がうまくいかず、「態度」概念そのものが懐疑的にみられた時代さえあります。ここでは、潜在的態度（ならびに、潜在的態度と顕在的態度の両者）によって、「行動」をどのように予測できるかについて、そのモデル化について紹介していきます。

行動予測について考えていくに際しては、二〇一一年に私が企画代表者と指定討論者を務めた自主企画ワークショップ（通称「IATワークショップ」）「IAT（Implicit Association Test）の課題と将来性（5）――行動指標とIAT測度との関係性」（二〇一一年九月の日本心理学会・年次大会で開催）で指定討論者として登壇した際に、その一部として話をしたペルジニたち（二〇一〇）の行動予測モデルについて紹介したいと思います。

二〇一一年の第五回ワークショップでは、日本国内におけるIAT研究の機が熟したと考えて、「行動予測」をワークショップの中心テーマに据えました。IATというようやく手にした新しい非意識的指標で、これまで予測できなかったことを予測したい、また予測できることを紹介したいと考えて企画を立てました。予測力を示すためには、「行動」を予測できることを示すということがもっとも有力だと一般に考えられます。そして、ちょうどその時期は行動予測に関する研究が増え始めてきているころでもありました。

「行動」を予測することは難しいです。さまざまな要素が関連し、その場（状況）に付随する状況要因が大きく影響するからです。かつて、「態度」（顕在的態度）は当然「行動」を予測すると考えられていましたが、「態度」から「行動」を予測するモデルを構築するためには、長い年数を要しました。

さて、行動の予測は、潜在性次元を考慮しなければならないため、一般に顕在指標以上に複雑になります。IATによる行動予測は、研究の初期には、IAT指標は、関連が期待される行動指標と必ずしも相関関係をもたないことから、IATに対する批判材料の一つとして扱われてきています。この点については、「潜在指標（潜在態度）は顕在指標

（顕在態度）とは異なる構成概念（construct）を測定している」と考えている研究者が（私も含めて）多くいます。このこと自体は良いのですが、直接的な予測因ではなくても、何かを予想・説明できなければ潜在指標測定の意味がないということになります。その意味では、行動を予測できることは重要で、もっとも説得的な予測であるといえるでしょう。

それでは、ペルジニたち（二〇一〇）の「潜在指標による行動予測モデル」について少し詳しく紹介していきます。これは、潜在指標によって行動を予測する場合の予測モデルのパターンを七つに分類したものです。「潜在指標が行動を予測しなかった」という結果が報告される原因の一つには、モデルの立て方にバリエーションが少ないことが一因ではないかという視点から、代表的な七つのモデルを紹介したものです。設定した行動予測モデルが異なれば、研究枠組み自体が異なってきます。とりわけ、分析方法はモデルと密接な関係にあり、行動予測モデルが単純すぎるために「行動を予測しなかった」とする結果が報告されることになる場合が少なくないだろうという考え方です。

次に七つのモデル（図11A〜図11G）それぞれについて紹介していきましょう。

第一のモデルは、「単純連合パターンモデル」（図11A）と名づけられたもので、もっともシンプルに「潜在指標（潜在測度）」→「行動」の予測関係をモデル化したものです。七つのモデルの中で対比すると、シンプルすぎるという印象をもたれるかもしれませんが、

図 11A　単純連合パターンモデル（ペルジニたち，2010）

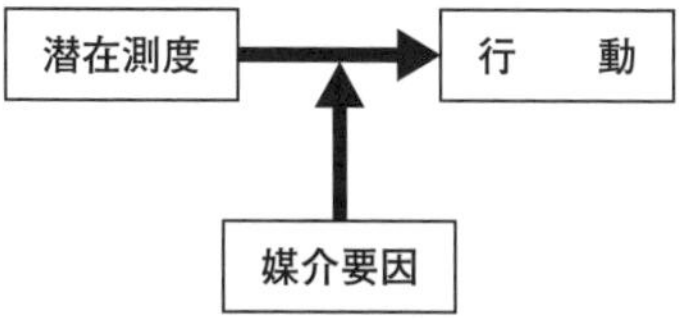

図 11B　媒介パターンモデル（ペルジニたち，2010）

潜在指標からの行動予測といえば、実はこのシンプルなモデルを考えることが基本で、「潜在指標」と「行動」との間の相関関係を単純に検討したり、「行動」が「潜在指標」で予測できるかどうかを「回帰分析」と呼ばれるような分析で検討するモデルです。実際のところ、このシンプルなモデルにそって検討がなされ、〝行動が予測できたか〟〝行動を予測できなかったか〟が判断される場合がかなり多いように思います。しかし、このモデルだけではシンプルすぎて適切とはいえない、というのがペルジニたちの主張です。

二つ目のモデルは、「媒介パターンモデル」（図11B）であり、「潜在変数（潜在測度）」と「行動」の間に、媒介変数（媒介要因）を介在させるモデルです。たとえば、特定のパーソナリティ傾向が強い（あるいは、弱い）人たちでのみ「潜在指標（潜在測度）」から「行動」が予測され得るとか、またたとえば、熟慮することができないような切迫した状況でのみ、「潜在指標（潜在測度）」から「行動」が予測され得るというような考え方（モデル）です。このような予測関係も十分に成り立ち得ます。

以降のモデルについては、少し早足で見ていくことにします。図11Cは「加法的パターンモデル」と呼ばれるもので、「潜在指標」と「顕在指標」がそれぞれに「行動」を予測する要素をもちます。図11Dは「交互作用的／乗算的パターンモデル」で、（「潜在指標」と「顕在指標」がそれぞれ独自に「行動」を予測する要素を認めながらも）「潜在指標」と「顕在指標」が交互作用的に、すなわち両者が複雑に関わり合いながら「行動」を予測するというモデルです。

次に、図11Eは「二重分離パターンモデル」と呼ばれるモデルで、「行動」指標のほうに、「非意識的な（自発的な）行動」と「コントロールされた（統制された）行動」の二種類を考え、「潜在指標」は「自発的な行動」を予測し、「顕在指標」は「統制された行動」を予測するというモデルで有力なモデルです。図11F「部分的分離パターンモデル」、図11G「二重加法的パターンモデル」は、先の図11Eと同じく、行動として「自発的な行動」と「統制された行動」の二つのタイプを想定し、これまでのモデルの要素を組み合わせた内容になっています。なおもちろん、これらのモデル以外にも、行動予測モデルは考

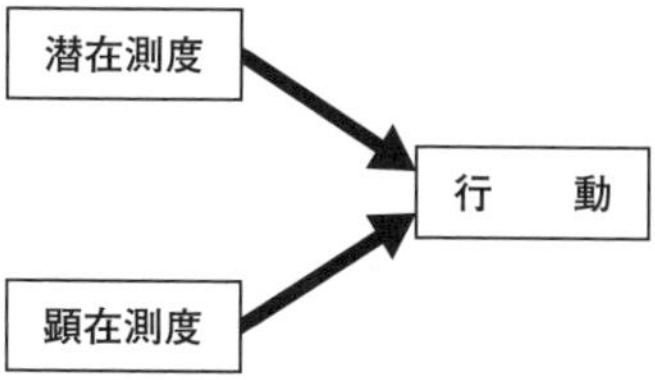

図 11C　加法的パターンモデル（ペルジニたち，2010）

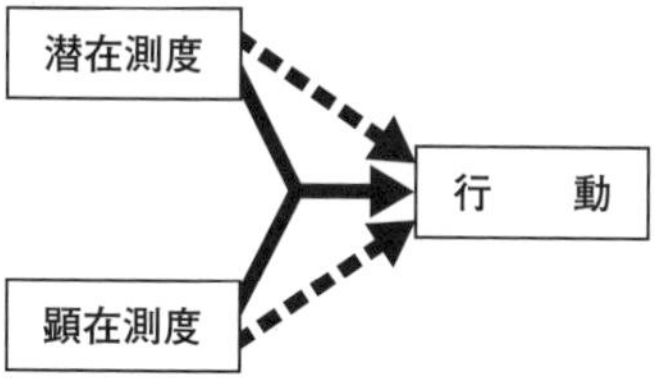

図 11D　交互作用的／乗算的パターンモデル（ペルジニたち，2010）

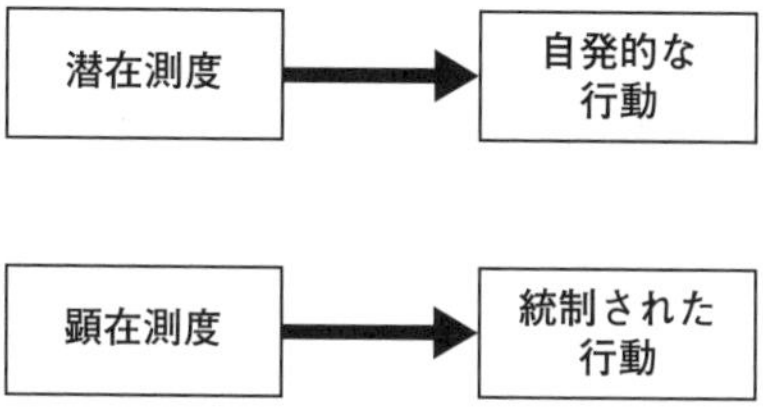

図 11E　二重分離パターンモデル（ペルジニたち，2010）

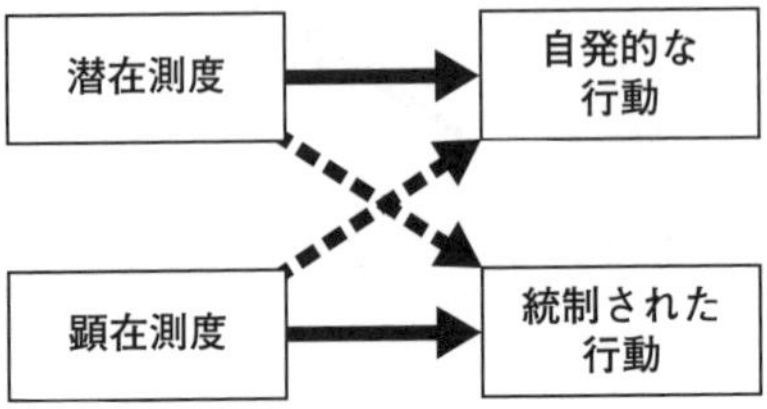

図 11F　部分的分離パターンモデル（ペルジニたち，2010）

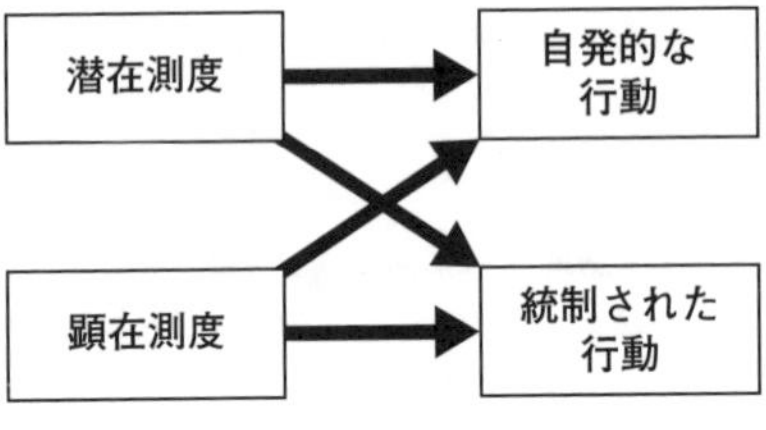

図 11G　二重加法的パターンモデル（ペルジニたち，2010）

えられます。取り上げたいテーマ（トピック）についての先行研究を精査し、理論枠組みを考慮しながら、適切なモデルを選択して検証していくことが求められます。

●非意図的な行動の予測

アセンドルフたち（二〇〇二）は、潜在指標を用いて測定した潜在的なパーソナリティの個人差がこれまでは予測困難であった非意識的行動を予測し得ることを示しました。アセンドルフたち（二〇〇二）が実験研究で取り上げたのはシャイさ（shyness）に関わるパーソナリティと行動でした。実験室内でシャイネスを引きおこす（shyness-inducing）状況を設定し、そこでのコントロールされたシャイネス行動と、自動的で自発的な（spontaneous）シャイネス行動を測定するとともに、自己報告式の顕在的なシャイネスと、IATで測定された潜在的なシャイネスを測定しました。

結果は、潜在的なシャイネスは自発的な行動を予測しましたがコントロールされた行動は予測しておらず、顕在的なシャイネス特性は逆に自発的な行動は予測しませんでしたが、コントロールされた行動を予測していました。この結果を、アセンドルフたち（二〇〇二）はdouble dissociation（二重分離）と名づけています。IATによって新たに測定することが可能となった潜在的パーソナリティは、これまではなし得なかった新たな行動予測を可能にしたことになります。

次に、アメリカのステレオタイプ研究においてもっとも代表的なトピックである人種間の問題を取り上げた研究について見ていきましょう。現代アメリカ社会では、人種的な問題はその歴史・文化的な経緯も含めてもっともセンシティブな問題の一つと考えられるであろうことは広く知られている通りです。したがって特定の人種に対する否定的な見方を表明するなどといったことは、許されないことです。

マコーネルとレイボルド（二〇〇一）の研究では、白人大学生の実験参加者が、実験者とのやりとりにおいて示す否定的行動が、ＩＡＴで測定された黒人に対する潜在的な否定的態度と関連しているかについて検討しました。行動がどれくらい否定的行動であるのかは、判定者によって判断されました。その結果、白人大学生が黒人に対していだいている潜在的な否定的態度は、黒人実験者に対する否定的行動と結びついていることが示されました。

なお、非応答的な測度を取り上げるためには、制約が生じたり、通常以上の手間がかかったりすることに加えて、さらに重大な事項として倫理的な問題の介在が懸念されます。このような諸々の制約事項が付随する非応答的な測度の測定をする代わりに、ＩＡＴ課題を用いて潜在的態度を測定し、それが非応答的な測度とどのように関連するのかをあらかじめ示すことができたら、IATはさらに有用な測度となり、態度研究や、社会心理学の研究が大きく進展していくことになるでしょう。このような活用ができるかどうかの検証は始まったばかりですが、ここで紹介した研究はその先駆的な研究例といえるでしょう。

●消費者行動の予測

新たに予測が可能な側面として注目されてきているものとして、次に、消費者心理あるいは消費者行動に関する研究について紹介したいと思います。

もとよりこの領域は、心理学研究が応用的に活用される領域として主要な領域の一つです。さらには、消費者心理ならびにそれにもとづくと考えられる消費者行動の予測は、質問紙調査法に代表される顕在的指標（顕在的測度）によっては予測が困難な領域です。それゆえにさまざまな工夫がなされてきています（たとえば、ザルトマン 二〇〇三）。

IAT技法は実施が容易であるという利点もあり、IATによって測定された潜在的態度、あるいはその潜在的態度の推移によって消費者行動が予測できるかどうかに関心が向けられることになるでしょう。

まずは、ブルネルたち（二〇〇四）のブランド選好についての研究について取り上げます。消費者心理・消費者行動においては、ブランディング（ブランドを作り上げること）が消費行動に強く結びついていることから重要視されています。

ブルネルたち（二〇〇四）は、消費者心理学の領域における「広告に対する態度（attitudes toward the ad）」測定を取り上げ、IATによる潜在指標の有効性について検討しています。広告を視聴した後に、その広告に対する好意度などの態度を測定する際、その測定は「この広告に対するあなたの好意・好感度はどれくらいですか？」といったような質問に答える形で、顕在的に測定されます。ただし、顕在的な測定ですので、意識的に自分の回答を変えることもできてしまいます。そのため、潜在的な態度測定が可能になり、その有効性を示すことができれば、消費者心理学研究の進展が期待できます。

ブルネルたち（二〇〇四）で報告されている二つ目の研究では、広告に登場する人物が白人であるか黒人であるかが「広告に対する態度」に及ぼす影響について実験的に検討しています。その結果は、（五つの質問項目への回答の平均値を用いた）顕在的測定と、IATを用いた潜在的測定では人種による影響が異なることが示されました。

まず実験参加者全体（九三名の大学生）の結果では、顕在指標においては、広告に登場する人物が白人か黒人かによって「広告に対する態度」に条件差は生じませんでした。その一方、潜在指標においては、広告に登場する人物が白人（以下「白人広告」）である条件のほうが、「広告に対する態度」が有意に好意的であることが示されました。すなわち、顕在的に回答する際には、登場人物の人種の影響は覆い隠されますが、潜在的には、白人が登場する広告のほうが全体として好意的な態度をいだかれていることがわかりました。

この研究の結果はさらに詳細に分析され、実験参加者が白人か黒人かによって結果が異なるという興味深いことがわかりました。

まず白人実験参加者の結果について紹介すると、顕在指標では「白人広告」と「黒人広告」とで「広告に対する態度」に差異はありませんでした（図12）。しかし、IATを用いた潜在指標においては、「白人広告と快語／黒人広告と不快語」をペアとしたブロックのほうが速く反応することができたことから、「白人広告」に対するほうが「広告に対する（潜在的に）好意的態度」が示されました（図13）。その一方で、黒人実験参加者においては、顕在指標では「黒人広告」に対するほうが「好意的態度」が示されました（図14）が、IATを用いた潜在指標では「白人広告」と「黒人広告」とで「広告に対する（潜在的）態度」に差はありませんでした（図15）。

まとめると、顕在指標においては、白人実験参加者は広告に登場する人種の影響を意識的に消失させ、黒人実験参加者は黒人が登場する広告を意識的により高く評価していたも

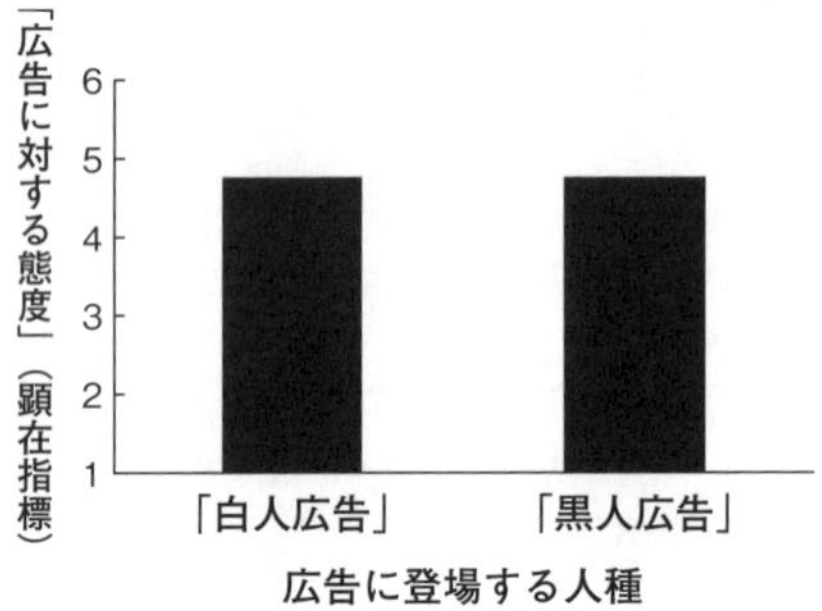

図 12　白人の実験参加者による広告に対する顕在的態度
（ブルネルたち，2004）

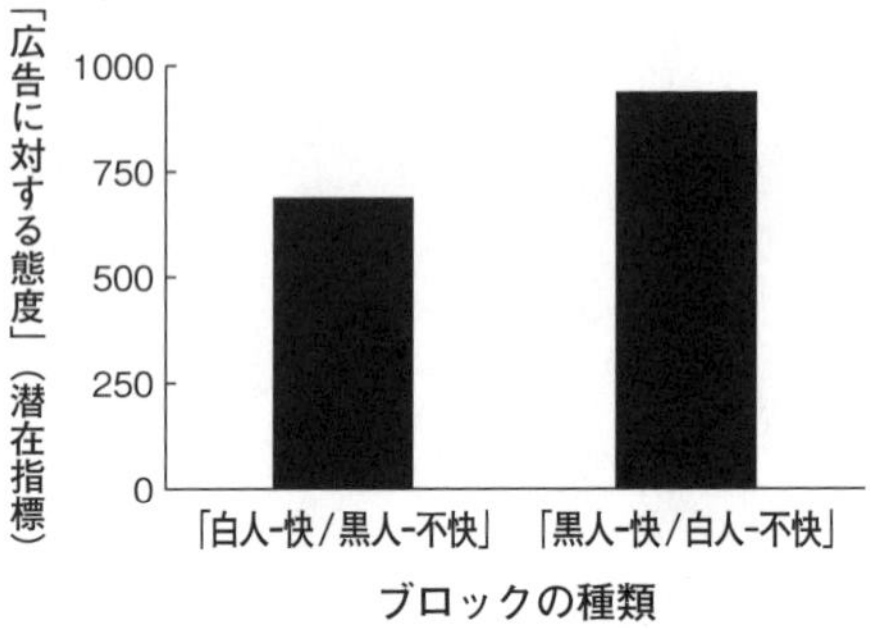

図 13　白人の実験参加者による広告に対する潜在的態度（IAT）
（ブルネルたち，2004）

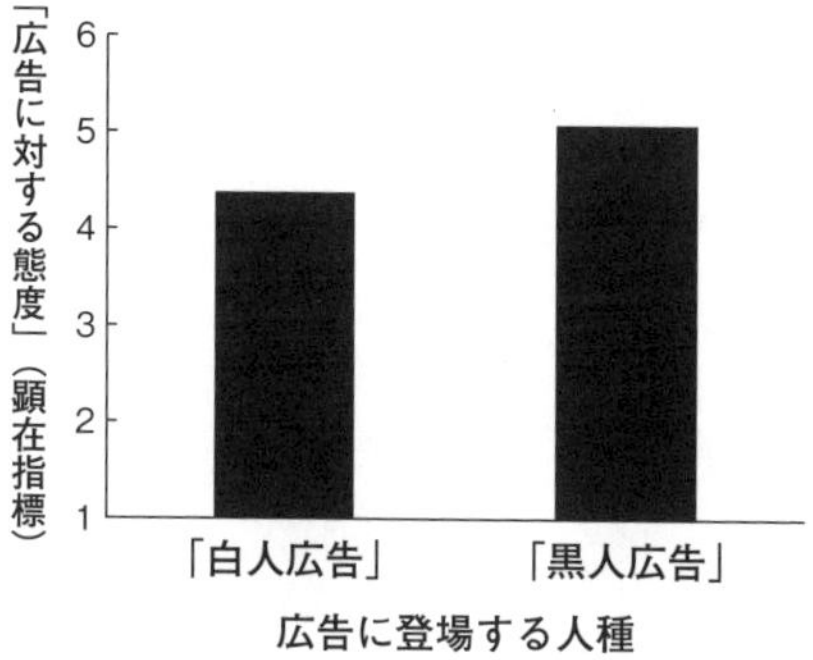

図 14　黒人の実験参加者による広告に対する顕在的態度
（ブルネルたち，2004）

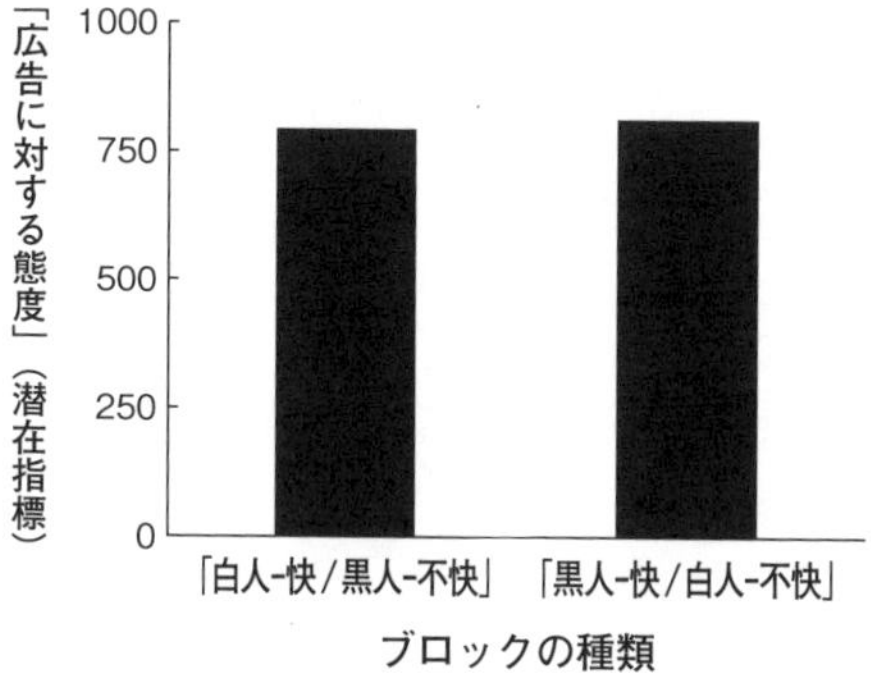

図 15　黒人の実験参加者による広告に対する潜在的態度（IAT）
（ブルネルたち，2004）

ものの、ＩＡＴによる潜在的態度測定では、それぞれ異なる結果が示されており、広告効果を検討する場合には、顕在指標だけではなく、潜在指標も重要ということをあらわしています。

6・非意識的態度研究の今後

●潜在的ステレオタイプの低減

偏見やステレオタイプに代表される社会的態度の研究においては、基本的な目標として、社会的に考慮して不適切で望ましくない態度を低減するにはどうしたらよいかということがあります。顕在的な研究においても、偏見やステレオタイプを低減させることが常に大きな目標であり続けています。

潜在的な指標を扱う研究においても、このことは同等であると考えられます。なぜならば、潜在指標は表出されたものではありませんが、私たち個々人の潜在的態度（潜在的連合）にガイドされる形で、自動的（非意識的）に、その後の情報処理や行動が方向づけられることがわかっているからです。ここでは、潜在的な（自動的な）連合を低減させることが可能かどうかについて扱った研究について見ていきましょう。

ダスグプタとグリーンワルド（二〇〇一）は、研究1において人種に関する潜在的態度／顕在的態度について検証し、賞賛されているイグゼンプラー（exemplars、具体的人物）と、嫌悪されているイグゼンプラーを提示することによって、自動的な連合を弱める（低減させる）ことができることを実証しました。その効果はイグゼンプラーの提示直後のみならず、二四時間後においても有効であることを示しました。しかし、このイグゼンプラーを提示することの効果は、顕在指標においては見出されませんでした。また研究2においては、年齢ステレオタイプについて、同様の効果を見出しました。

ブレアたち（二〇〇一）では、心的イメージ（mental imagery、心の中で思い描くイメージ）の効果について実証的に検証しています。潜在的ステレオタイプは、個々人の社会的ステレオタイプをその認知構造（「知識」の連想構造）という側面で規定しているものと考えられます。そのため、社会的ステレオタイプの抑制に対して重要な意味をもちます。ブレアたち（二〇〇一）の研究では、心的イメージを用いることによって、潜在的ステレオタイプに影響を及ぼすことができるかどうかについて、五つの実験研究を通して、その効果を検証しています。具体的には、「反ステレオタイプ的な心的イメージ化（counterstereotypic mental imagery）」を行うことによって、潜在的ステレオタイプを弱めることができることを実証しています。

他に、近年では、潜在的選好（潜在的ステレオタイプを含む潜在的バイアス）を低減するための組織的な検討が進められてきています（ライたち 二〇一四）。

●新たな枠組みへの応用

ステレオタイプ・偏見や、これらにもとづく差別は、「社会心理学」と呼ばれる研究領域が古くから取り組んできたテーマです。IATはこのテーマに対して、潜在的ステレオタイプ・偏見という概念を科学的に検証可能な形で取り上げることに貢献し、顕在的ステレオタイプ・偏見や差別行動との関連性についての検証を深めてきました。

その一方で、これまでは「社会心理学」とはどちらかというと距離のあった研究テーマについてもIAT研究が応用されてきています。もちろん、IATが発表される以前にも、関連する研究はなされていたのですが、IAT技法を用いることで新たな応用的フィールドとして注目され新たな展開がなされてきている領域が出てきています。

ここでは第一に、臨床心理学的な「心理的治療」の効果に関して、IATが有力な指標として取り上げられ、成果をあげてきていることに注目します。第二に、IAT課題に関わる神経科学（Neuroscience）領域での研究に注目し、ＩＡＴの生理学的な基礎についての問題や、神経科学的な知見の進展について取り上げます。

心理的治療の効果

まずは、心理的治療（臨床治療）の効果について直接的に扱った研究について紹介しましょう。ティッチマンとウッディ（二〇〇三）は、クモ恐怖症に対する治療効果測定としての有効性検討を行っています。筆頭著者であるティッチマンは臨床心理学者です。

ちなみに、私がイェール大学に滞在していた当時、ティッチマンは博士課程大学院生で、院生室に行くとよく彼女と会いました。私は、滞在の終わりごろまで、ティッチマンはソーシャル（Social and Personality）コースの大学院生であるとまったく疑わなかったのですが、実は臨床（Clinical）コースの大学院生であったことを知り、大変驚くとともに、アメリカの心理学界では社会・人格心理学と臨床心理学がこんなに近く、接点のあるものだと知り、感慨深く思いました。大学院生同士、あるいは大学院生と教員との関係性という点でも心理学の領域間での垣根がないように感じましたし、研究発表を聞いていたり、研究について意見交換をしている中でも、まったくといっていいほど違和感を感じたりしなかったからです。

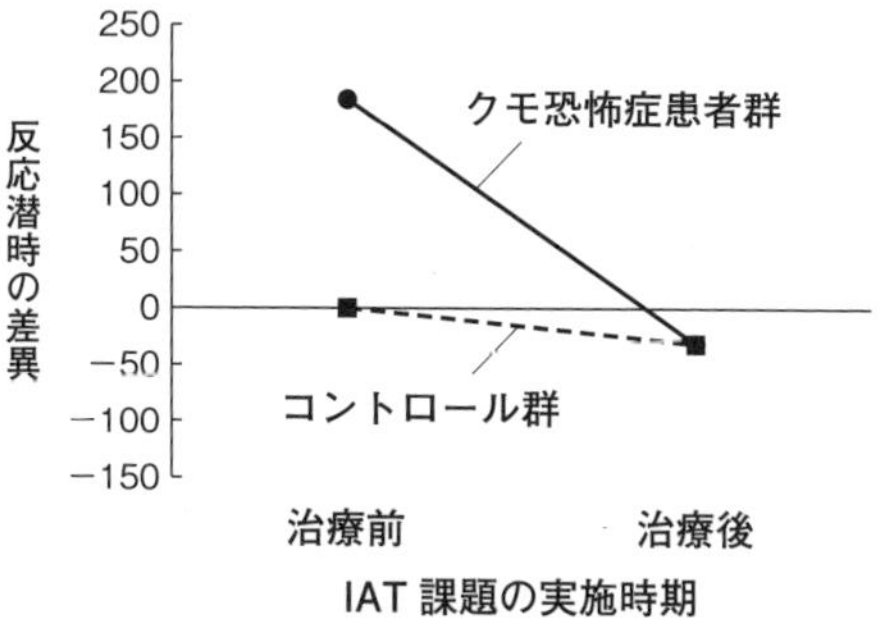

図16　臨床治療前後における恐れIATの潜在的態度
（ティッチマンとウッディ，2003）

さて、ティッチマンとウッディ（二〇〇三）では、クモ恐怖症（spider phobia）に対する臨床治療（clinical treatment）の効果をＩＡＴで測定し、ＩＡＴ活用の有効性について検討しました。

三一名のクモ恐怖症患者群と、三〇名のコントロール群（統制群）に対して、臨床治療を行い、その治療の前後で、ＩＡＴを用いてクモに対する潜在的態度（ここでは忌避的な態度）について測定しました。

図16には「恐れＩＡＴ（Afraid IAT）」の結果が示されています。縦軸はＩＡＴ効果量で、数値が大きいほど「クモ＝恐ろしい」という潜在的連合が強いことをあらわし、ゼロの場合はそのような潜在的連合がないことをあらわします。横軸は、左側が

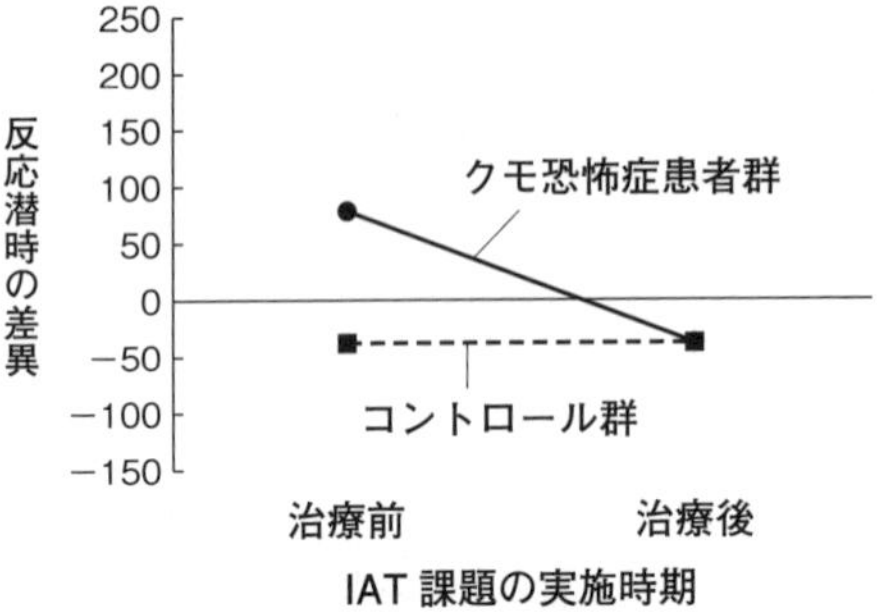

図 17　臨床治療前後における嫌悪 IAT の潜在的態度
（ティッチマンとウッディ，2003）

「治療前」、右側が「治療後」です。その結果、クモ恐怖症患者群では「治療前」には「クモ＝恐ろしい」という潜在的連合が強かったものの、「治療後」にはそのような連合は消失しています（コントロール群では、治療前においても、もともとそのような連合が示されておらず、治療後にも大きな変化はありません）。

また図17には「嫌悪IAT（Disgusting IAT）」の結果が示されています。縦軸は同じくIAT効果量で、この図では数値が大きいほど「クモ＝嫌悪的・気持ち悪い」という潜在的連合が強いことをあらわし、ゼロの場合はそのような潜在的連合がないことをあらわします。横軸は変わらず、左側が「治療前」、右側が「治療後」です。

結果パターンは同様で、クモ恐怖症患者群では「治療前」には「クモ＝嫌悪的・気持ち悪い」という潜在的連合が強かったものの、「治療後」にはそのような連合は消失しています。またコントロール群では、治療前においてもそのような連合は示されておらず、治療後にも変化はありません。

このようにティッチマンとウッディ（二〇〇三）により、ＩＡＴ課題はクモ恐怖症患者群におけるクモに対する忌避的な態度を潜在的レベルで測定することが可能であること、また、臨床治療の前後でのクモ恐怖症患者群における治療効果をＩＡＴ課題によって測定することが可能であると考えられることが実証的に示されました。

肥満に対する潜在的態度測定と治療方策の検討

臨床心理学的な研究トピックとして、肥満に対するバイアス（Anti-fat bias）について扱った研究について紹介します。同じくティッチマンを代表研究者とする研究グループによる研究です。

ティッチマンたち（二〇〇三）の研究１（N＝一四四）では、肥満の人に対し、肥満に対する顕在的態度と潜在的態度の両方を測定しました。顕在的には肥満に対する否定的な態度は示されなかったものの、ＩＡＴを用いて潜在的態度を測定したところ、肥満に対する強い否定的な態度を有していることが示されました。

また、肥満の原因が主に過食と運動不足によるものであると告げられた群では、コントロール群よりも強い否定的な潜在的態度が示されました。一方で、肥満の原因が主に遺伝的要因である告げられた群では、否定的な潜在的態度が低減することはありませんでした。

さらに研究2A（N＝九〇）と研究2B（N＝六三）では、肥満の人たちが差別的扱いを受けるというストーリーを読んでもらい、実験参加者に共感（empathy）を喚起しました。この共感の喚起は、否定的な潜在的態度の低減を全体としては示しませんでしたが、自身が肥満である人たちにおいてだけは、否定的な潜在的態度の低減が示されました。

このように、IATによる潜在的態度の測定は、顕在的には覆い隠されてしまうような否定的態度を測定することができます。加えて、ティッチマンたち（二〇〇三）では自身が肥満である人たちだけに認められた効果ですが、肥満と向き合う際に、共感（empathy）の喚起が潜在的態度の変容に有効であることが示され、臨床的な治療プロセスの選択肢の一つを提示するものと考えられます。

ニューロサイエンス（神経科学）研究

近年、もっとも進展が著しいニューロサイエンス（Neuroscience、神経科学）研究についても紹介していきたいと思います。ニューロサイエンスという研究領域自体が進展著しい領域で、心理学の多くの研究テーマにおいてニューロサイエンス（神経科学）のウェイトが大きくなってきています。

IAT研究も例外ではなく、IAT研究の初期から、重要なニューロサイエンス研究が数多く報告されてきています。ここでは代表的な初期の研究を紹介していきます。

もっとも代表的な研究はフェルプスたち（二〇〇〇）の研究です。フェルプスたち（二〇〇〇）は、IATを実施しているときに、脳内のいずれの部位が活性化しているのかをfMRIを用いて検討したところ、扁桃核（amygdala）の活性化が著しいことを見出しました。扁桃核（amygdala）とは、情動的な学習と情動的な評価に関わる部位として知られている脳内の重要な部位で、認知的指標であるIATは、情動的（感情的）な評価判断と関わりが深い処理課題であることが示された重要な知見といえます。この知見は、IATの神経科学的基盤をあらわす知見として現在でも広く取り上げられています。

また、チーたち（二〇〇〇）は、不一致課題（incongruent task）の遂行時に必要とされる反応抑制（単語連想の優勢反応の抑制）のプロセスにおいて活性化が高まる脳内の部位を検討し、この抑制プロセス遂行時に、左背外側前頭前皮質（left dorsolateral prefrontal cortex）において大きく活性化が観測されるとともに、（相対的には活性化量は少なくなるものの）前帯状皮質（anterior cingulate cortex）においても活性化が生じていることを見出しました。

ミルネとグラフマン（二〇〇一）の研究では、脳損傷患者群とコントロール群とで潜在的なジェンダーステレオタイプについて検討しました。その結果、前頭前皮質腹内側部（Ventromedial prefrontal cortex、前頭前皮質の下側に位置している部位）に損傷を有する脳損傷患者群では、ジェンダーステレオタイプに関わる単語連合が潜在的レベルで欠落していることが示されました。

ニューロサイエンス研究は、近年の心理科学では必須の研究テーマであり、さらなる神経科学的エビデンスが蓄積されてきています。

●IATによる非意識研究の応用可能性

IATはこれまでは適切な測定方法が存在していなかった潜在的な態度や意識を測定可能とし、またその個人差をもとらえることができる手法であることをこれまでに述べてきました。

それでは具体的に、IATを用いて新たに解明が可能である、あるいはIATを用いて測定することの応用的価値が評価できると考えられるテーマについて、まとめて紹介していきましょう。

自己呈示の影響を排斥可能

これは、もっとも中核的で重要な側面の一つと考えられます。

自己報告スタイルでの回答の場合、それが評定尺度を用いる場合であれ、自由記述形式で回答する場合であれ、自己が否定的に評価されかねないような回答を回避する傾向が強くあります。これは、他者からの否定的なフィードバックを回避するためのみならず、自身の自己イメージを防衛するためでもあると考えられます。完全に秘匿性が保持されている場合であってさえも、社会的な基準に照らして望ましくないと考えられる回答を避けて回答する傾向がみられます。

このような視点に立って考えると、実は、これまでの社会調査・質問紙調査で用いられてきた手法は、かなりの程度、問題や制約をかかえている手法でもあるといえます。

もちろん、心理測定論や社会調査法といった研究においては、その長い歴史の中で、数々の対応策を考えてきてはいるのですが、根本的な問題として、自己呈示の影響を完全に排斥することはできないのではないかと考えられます。

しかし、潜在的態度測度を採用することはこの問題に対する有力な回答となり得ます。潜在的測度においては、自身では回答をコントロールすることができないため、これまでの評定尺度法や言語報告といった顕在的測度とは異なり、自己呈示の影響を排斥することが可能となります。この点で非常に大きなアドバンテージを有しているといえます。

評定時の係留効果を回避可能

この係留効果も、評定尺度や言語報告といった顕在的測度においては、基本的に回避することができない問題を扱っているといえます。

係留効果（anchoring effect）とは、さまざま文脈で用いられる効果・用語ですが、自身がいったん下した評価に係留（＝アンカー）されて、その後に行う評価が、先に行った評価の影響を受けてしまうということです。この場合の評価とは、判断や、尺度評定法による評定、あるいは態度表出や行動表出といった形をとることもあり、広い意味での評価です。たとえば、いったん、否定的な評価を下した人が、その後に素晴らしい行動をとったとしても、通常、評価を簡単に良いものに変えることは難しいという経験をおもちではないでしょうか。あるいは逆に、先に否定的な評価を下していたことを認識しているがゆえに、過度なまでに急激に評価を良いものに変えてしまうようなことを目にしたこともあるかもしれませんし、そのようなタイプの人（評価を急変させるタイプの人）を思いつくこともできるかもしれません。これらはいずれも係留効果の影響と考えられ、私たちは人前での評価であれ、そうではなく個人内だけに留めておいた評価であれ、先に行った評価が次の評価に影響をしてしまいます。そのため、複数回の態度測定にはこの係留効果の問題が常に付随しているといえます。

ＩＡＴを用いた潜在態度測定においては、（もっとも一般的な尺度評定のように）自分の回答が具体的な数値として認識できるわけではありません。後に述べるように、自分自身の回答傾向をあいまいにではあれ覚知できるとしても、その影響はきわめて限定的です。またＩＡＴ課題の反応傾向を意識的に変えることもできないことがわかっていますので、この意味での係留効果の回避という点で有用な指標であるといえます。顕在指標では、複数回の態度測定に常に付随する係留効果の影響を回避できるメリットは態度測定論全体の点からも大きなメリットであると考えられます。

形成過程探索への貢献

人の態度や意識がどのように形成されていくのかという疑問は、多くの人が思いいだくであろう基本的な疑問ですが、この疑問に応えるのは実は非常に難しいです。社会的態度や意識に関連する代表的な研究領域として「メディア研究」を指摘できると思いますが、さまざまな社会的態度や意見がメディアとの接触によってどのように形成されてきたといえるかを指摘することは難しいことです。なぜならば、私たちの情報環境は非常に多岐にわたっており、各メディアで（たとえばテレビ・メディアについてだけでも、テレビで、もしくはテレビの「某放送局で」、あるいは「特定の番組で」）、どのような内容が伝えられているのかについて「内容分析」をするという研究手法もありますが、手数がかかる割に十分には測定しきれません。また、テレビ番組や新聞やインターネットやSNS等々に個々人がどのような姿勢で関わっているか（たとえば、どれだけ能動的に、あるいはどれだけ信憑性を感じながら関わっているか）などを明らかにすることは困難です。たとえば、「原子力発電に関する賛否」という態度一つをとってみても、どのメディア（どの情報環境）のどの情報が特定の個人の「原子力発電に関する賛否」を決めたか、探求していくのは困難です。これらの問いに対して、主観的に考えて影響力が強いと推測される情報源について答えることが可能かもしれませんが、それが妥当性のある回答とはいえず、その保証はありません。

潜在態度指標にも、同様の問題が存在していることは否定できませんが（たとえば、ある個人の「原子力発電に対する〝潜在的〟態度」が、何によって形成されたのかを明示的に指摘することは一般に困難です）、潜在指標ならではのアドバンテージ（優れた点）があると考えられます。すなわち、潜在的態度は、概念間の「連合」として測定されますので、人工的な刺激語を用いて人工的に態度を形成することが容易に可能で、しかもこの態度形成プロセスを実験課題として実施し検証することにも向いています。顕在的態度の場合には、一定程度以上の強度や確信度が伴っていない態度は回答者に意識されにくいため、態度や意識として、伝統的な顕在的態度測定の技法ではそもそも測定が困難であるといえます。潜在的な指標を用いることで、人工的な課題での潜在的態度形成の規定因が明らかになってくれれば、「原子力発電に対する潜在的な社会的態度」や「保守―革新支持に関する潜在的な政治的態度」などといった現実の社会的問題に対する潜在的態度に関する理解が進展し、社会的問題に対する顕在的な態度や意識の形成過程についての理解にも貢献できるものと期待されます。

変容過程の探求

態度や意識の推移、すなわち変容過程について検証をしていくことはさらに難しい問題といえます。一般的に意識的態度においては、自身がおかれた状況によって態度が使い分けられることがあります。また、いわゆる本心や真の態度とは異なる態度や行動が意識的に表出されることもあるため、態度や意識が変容したのか、そうでないのかはわかりません。この問題に関しても、潜在的態度指標は有益な視点を提供してくれると考えられます。

本書においては、第4章の「非意識的態度の形成とその変容」節（九一頁）において、潜在的態度の形成と変容について紹介しています。そこで紹介されているように、潜在的態度は、たとえば表向きは「練習課題」と紹介されるようなプロセスを通して、人工的に潜在的態度を形成できることがわかっています。また「多様性教育（diversity education）」などの影響として、潜在的態度の変容を測定できることも示されてきています。

このように潜在的態度指標は、その「形成」と「変容」について測定していくことが可能であることから、潜在的態度は「変わりゆくもの」であるといえます。さらには、顕在的態度が状況によって使い分けられたり、意識的に偽りの態度を表出できたりすることに比べて、潜在的態度はそのようなことが困難であり、また「経験の積み重ね」によって形成され、変容していくものであることから、その形成・変容は比較的徐々に進行しているものと考えられ、安定的なものです。態度の形成と変容についてアプローチしていくためには、おそらくは顕在指標と潜在指標の両方の指標が必要で、新たに獲得した潜在指標には態度変容の基盤となるような要素が含まれているものと推量され、今後の進展が期待されます。

潜在的な態度や意識は、その定義から考えても、通常の状態では自身の潜在的な態度や意識を知ることはできません。また、IAT以外の潜在的態度を測定する手法では、自身の潜在的態度を覚知できるチャンスはないように思われます。

自己自身への覚知の効果

その反面、IATは課題を実施している最中に、自分が回答しやすいブロック（概念と属性のペア）と自分が回答しにくいブロックとを覚知することができます。回答しやすいブロックとは、エラー（反応間違い）をすることが少なく、また、速くスムーズに回答できるブロック、ということです。二パターンのブロックへの回答のしやすさについて、厳密に何百ミリ秒の差異といったようなことまでは回答者当人にはわからないものの、対比的な二つの概念のうち、どちらに肯定的な価値づけをしているかについて通常は明確に自覚できます。

ただし、ここで重要なことは、自身の回答のしやすさを覚知できるからといって、自分の結果、つまり自分の反応を変えることはできないということです。ならならば瞬時に回答をしなければ、回答エラーとなってしまうように回答時間に制限が設定されているので、自身で結果を変える（コントロールする）ことはできないのです。

そのため、この自己自身への覚知の効果は、これまでは科学的な方法として自身が認識することができなかった自分自身の潜在的態度・意識について、それを意識する（覚知する）機会をもつことができるという点で、本書のタイトルに関連づけて記せば、『自分の中の隠された心』に気づくことができるということの価値、ということができます。

おわりに（非意識への思い）

皆さんが本書を手にされたのはどういった動機からでしたでしょうか。私がそもそも心理学の勉強をしていきたいと考えたのは高校一年のおわりごろだったと記憶しています。当時、漠然と将来の仕事について考えていたときに、「物（もの）に関わる仕事よりも、心（こころ）に関わる仕事がしたい」と強く思うようになっていたからです（もちろん、今では物に関わる仕事も面白いと考えているのですが）。そんな折、フロイトの〝無意識〟に関する単行本を読んで、こんな「発見」（フロイトが無意識を発見できたような発見！）ができたらなあと思ったことがきっかけです。

さて首尾よく心理学を学ぶべく、大学の文学部に合格することができました。その大学は、当時は珍しく、専攻を決定する際に学生本人の意向を最大限に尊重してくれる学部であり、もっとも人気の高い専攻であった心理学専攻に進学できる（配属してもらえる）ことがほぼ保証されており、意気揚々と入学したのでした。しかし、フロイトなどの研究スタイルが、科学的ではないものとして多くの大学では一般的には受け入れがたいものであると考えられていたことは入学してすぐにわかりました。そしてまた当時の心理学の研究パラダイムは、無意識や非意識を研究の対象とするには、十分に成熟したものではありませんでした。そのために心理学を勉強する道をあきらめたり、学部卒業と同時に社会人となっていった学友たちも少なからずいたのではないかと思いますが、心理学の勉強を始めてみるとそれはそれで面白いものでしたし、一年次、二年次の大学教養部の先生方、また三年次以降の学部の先生方にも大変よくしていただき、大学院に進むことができました。大学院の博士課程に進学するころ、社会心理学の世界でも、無意識・非意識を科学的な方法で検討することが可能な研究パラダイムが開発されてきました。そのころから、私は、社会的認知（social cognition）と呼ばれる研究枠組みの中で、無意識や非意識について関心を向けてきました。そして博士課程に進学して七、八年たったころから、海外の先端的な研究機関で「非意識」の研究に携わりたいと願うようになりました。

そのような折、海外研究に応募するチャンスを得た私にイェール大学（当時）のバナージ先生が大変に熱のこもった推薦書を書いてくださいました。そのおかげもあり、幸運にもＩＡＴテストの開発者のお一人であるバナージ先生のもと（ラボ・研究室）に一年ほど滞在し、ＩＡＴ研究に携わることができました。ちょうどＩＡＴの開発初期の時期で、当時はまだ論文として発表されてもいないようなまさに最新の手法と知見に接することができたのはもちろん、日々、ＩＡＴの研究パラダイムが成長していく過程を目の当たりにすることができたのは大変に貴重な機会でした。

海外研究機関のラボに滞在するということは、取り立てて留学経験のなかった私には、もちろん驚きやつらいことの連続でもありましたが、それでも一年間の滞米期間中に自身でもＩＡＴの実験研究を遂行して帰ってきました。

イェールでの経験を語りはじめればきりがありませんが、一番心に残ったことを記せば「社会心理学という学問分野は確かに日々進展している」ということを実感できたことです。この思いを日本の研究生活の中でも体現したいという考えから、海外で得てきた知識をできるだけ日本で紹介するようにしていきました。日本国内の心理学系の学会大会でＩＡＴに関する先端研究を紹介し、またＩＡＴに関わる諸テーマについて検討するワークショップを継続的に実施してきました。そして、本書も、その流れの中に位置づけられます。

最後に、もう一度、最初の問題に戻って考えてみたいと思います。

潜在的な態度・意識というのは、心理学や心理学をとりまく諸科学において、長い学問の歴史の中で大きな関心をもたれ続けながらも、科学的な手続きに準拠してそれをとらえることが困難な対象でした。

しかし今や、その科学の扉は開かれたといえます。潜在的な態度・意識を測定することが可能となり、しかもそれは比較的簡便な方法によって実現可能なものです。さらには、それを当人にフィードバックすることができるようになりました。すなわち、広く非意識や無意識と呼ばれてきた心の領域（おそらくは広大な領域であろうと思われます）のはたらきを解明するための具体的な手法と道筋とが大きく開かれてきました。さらに、自身の潜在的な態度・意識についてのフィードバックを得ることによって、非意識や無意識をコントロールすることへの可能性も開かれてきました。これは心の科学の新たな一ページといえるのかもしれません。

さて、本書が完成するまでに多くの方々のお世話になりました。

何といってもきっかけは、バナージ・ラボでの客員フェロー経験です。バナージ先生にとっては、私は教え子の一人でさえないかもしれませんが、「プロジェクト・インプリシット」という研究グループに加えてくださり、滞米終了以降も続く、当時のラボのメンバーとのネットワークの中で、本書も完成に至りました。

また、これまでに勤務してきた大学（とくには信州大学・岩手県立大学）で、私の研究室に所属した大学院生・学部生との研究プロジェクトとして、ＩＡＴについて多くの研究を進めていくことができたことも、大きな貢献となりました。

ライブラリ編集委員の安藤清志先生、松井　豊先生より本書のお話をいただいてから、自身の博士論文提出をはさんだこともあって、刊行に至るまで長い時間が経過することとなってしまいましたが、その間サイエンス社の清水匡太さんからは、いつも気配りとご配慮をいただき感謝します。

最後に、常に課題を追いかけているかのように、焦燥感におそわれがちな私のかたわらで、いつも明るく励ましてくれる妻と愛娘に、本書を捧げたいと思います。

潮村　公弘

Rudman, L. A., & Glick, P.（2001）. Prescriptive gender stereotypes and backlash toward agentic women. *Journal of Social Issues*, **57**, 743–762.

Shiomura, K.（2002）. *The effect of the attitudes shown by the respondent in self-disclosure on implicit and explicit self-esteem of the discloser：Investigation of the sensitive measure for clinical counseling*. Paper presented at the meeting of the XXV International Congress of Applied Psychology held at Singapore, July 7–12.

潮村公弘（2015）．潜在連合テスト（IAT）の実施手続きとガイドライン——紙筆版 IAT を用いた実習プログラム・マニュアル——　対人社会心理学研究，**15**，31–38.

潮村公弘・村上史朗・小林知博（2003）．潜在的社会的認知研究の進展——IAT（Implicit Association Test）への招待——　信州大学人文学部人文科学論集〈人間情報学科編〉，**37**，65–84.

Sriram, N., & Greenwald, A. G.（2009）. The brief implicit association test. *Experimental Psychology*, **56**（4）, 283–294.

舘　有紀子・宇野善康（2002）．日本版状態セルフ・エスティーム尺度の検討　日本社会心理学会第 41 回大会発表論文集，206–207.

Teachman, B. A., Gapinski, K. D., Brownell, K. D., Rawlins, M., & Jeyaram, S.（2003）. Demonstrations of implicit anti-fat bias：The impact of providing causal information and evoking empathy. *Health Psychology*, **22**（1）, 68–78.

Teachman, B. A., & Woody, S. R.（2003）. Automatic processing in spider phobia：Implicit fear associations over the course of treatment. *Journal of Abnormal Psychology*, **112**（1）, 100–109.

Uhlmann, E., Dasgupta, N., Elgueta, A., Greenwald, A. G., & Swanson, J. E.（2002）. Subgroup prejudice based on skin color among Hispanics in the United States and Latin America. *Social Cognition*, **23**, 198–226.

山本真理子・松井　豊・山成由紀子（1982）．認知された自己の諸側面の構造　教育心理学研究，**30**，64–68.

Zaltman, G.（2003）. *How customers think：Essential insights into the mind of the markets*. Harvard Business School Press. Boston, MA.
（ザルトマン , G.　藤川佳則・阿久津　聡（訳）（2005）．心脳マーケティング——顧客の無意識を解き明かす——　ダイヤモンド社）

Meyer, D. E., Schvanvelt, R. W., & Ruddy, M. G. (1975). Loci of contextual effects on visual word recognition. In P. M. A., Rabbtit & S. Dornic (Eds.), *Attention and performance*. Vol. 5. Academic Press.

Milne, E., & Grafman, J. (2001). Ventromedial prefrontal cortex lesions in humans eliminate implicit gender stereotyping. *The Journal of Neuroscience*, **21** (12), 1-6.

Nosek, B. A., & Banaji, M. R. (2001). The go/no-go association task. *Social Cognition*, **19**, 625-666.

Nosek, B. A., Banaji, M., & Greenwald, A. G. (2002a). Harvesting implicit group attitudes and beliefs from a demonstration web site. *Group Dynamics : Theory, Research, and Practice*, **6** (1), 101-115.

Nosek, B. A., Banaji, M. R., & Greenwald, A. G. (2002b). Math = male, me = female, therefore math ≠ me. *Journal of Personality and Social Psychology*, **83** (1), 44-59.

Nosek, B. A., & Smyth, F. L. (2011). Implicit social cognitions predict sex differences in math engagement and achievement. *American Educational Research Journal*, **48**, 1124-1154.

大橋早苗・潮村公弘 (2003). 否定的内容の自己開示が開示者の自尊心に及ぼす影響——顕在的自尊心と潜在的自尊心の測定—— 人間科学研究, **10** (2), 33-48.

Perugini, M., Richetin, J., & Zogmaister, C. (2010). Prediction of behavior. In B. Gawronski, & B. K. Payne (Eds.), *Handbook of implicit social cognition : Measurement, theory, and applications*. New York : Guilford Press. pp. 255-277.

Phelps, E. A., O'Connor, K. J., Cunningham, W. A., Funayama, E. S., Gatenby, J. C., Gore, J. C., & Banaji, M. R. (2000). Performance on indirect measures of race evaluation predicts amygdala activation. *Journal of Cognitive Neuroscience*, **12** (5), 729-738.

Rosenberg, M. (1965). *Society and the adolescent self-image*. Princeton, NJ : Princeton University Press.

Rudman, L. A., Ashmore, R. D., & Gary, M. L. (2001). "Unlearning" automatic biases : The malleability of implicit prejudice and stereotypes. *Journal of Personality and Social Psychology*, **81** (5), 856-868.

Rudman, L. A., & Glick, P. (1999). Feminized management and backlash toward agentic women : The hidden costs to women of a kinder, gentler image of middle-managers. *Journal of Personality and Social Psychology*, **77**, 1004-1010.

vidual differences in implicit cognition : The implicit association test. *Journal of Personality and Social Psychology*, **74**, 1464–1480.

Greenwald, A. G., & Nosek, B. A. (2001). Health of the Implicit Association Test at Age 3. *Zeitschrift für Experimentelle Psychologie*, **48**, 85–93.

Greenwald, A. G., Nosek, B. A., & Banaji, M. R. (2003). Understanding and using the Implicit Association Test : I. An Improved Scoring Algorithm. *Journal of Personality and Social Psychology*, **85**, 197–216.

Heatherton, T. F., & Polivy, J. (1991). Development and validation of a scale for measuring state self-esteem. *Journal of Personality and Social Psychology*, **60** (6), 895–910.

Karpinski, A., & Steinman, R. B. (2006). The Single Category Implicit Association Test as a measure of implicit social cognition. *Journal of Personality and Social Psychology*, **91** (1), 16–32.

Kim, D-Y. (2003). Voluntary controllability of the Implicit Association Test (IAT). *Social Psychology Quarterly*, **66**, 83–96.

Kim, D-Y., & Greenwald, A. G. (1998). *Voluntary controllability of implicit cognition : Can implicit attitudes be faked?* Paper presented at the annual meeting of the Midwestern Psychological Association, Chicago, IL.

Lai, C. K., Marini, M., Lehr, S. A., Cerruti, C., Shin, J. L., Joy-Gaba, J. A., Ho, A. K., Teachman, B. A., Wojcik, S. P., Koleva, S. P., Frazier, R. S., Heiphetz, L., Chen, E., Turner, R. N., Haidt, J., Kesebir, S., Hawkins, C. B., Schaefer, H. S., Rubichi, S., Sartori, G., Dial, C., Sriram, N., Banaji, M. R., & Nosek, B. A. (2014). A comparative investigation of 17 interventions to reduce implicit racial preferences. *Journal of Experimental Psychology : General*, **143**, 1765–1785.

Lane, K. A., Mitchell, J. P., & Banaji, M. R (2000). *Experience required? The formation of implicit attitudes*. Presented at the Social Psychology Graduate Student Conference 2000, Columbia University, New York, NY.

Lane, K. A., Mitchell, J. P., & Banaji, M. R. (2001). *Formation of implicit attitudes : Direct experience not required*. Presented at the 2001 conference for the Society of Personality and Social Psychology. San Antonio, TX.

Lowery, B. S., Hardin, C. D., & Sinclair, S. (2001). Social influence effects on automatic racial prejudice. *Journal of Personality and Social Psychology*, **81** (5), 842–855.

McConnell, A. R., & Leibold, J. M. (2001). Relations among the Implicit Association Test, discriminatory behavior, and explicit measures of racial attitudes. *Journal of Experimental Social Psychology*, **37** (5), 435–442.

frontal cortex and the implicit association of concepts and attributes. *NeuroReport：For Rapid Communication of Neuroscience Research*, **11**（1）, 135-140.

Collins, A. M., & Loftus, E. F.（1975）. A spreading activation theory of semantic processing. *Psychological Review*, **82**, 402-428.

Dabbs, J. M., Jr., Bassett, J. F., & Dyomia, N. V.（2003）. The Palm IAT：A portable version of the implicit association task. *Behavior Research Methods, Instruments and Computers*, **35**（1）, 90-95.

Dasgupta, N., & Greenwald, A. G.（2001）. On the malleability of automatic attitudes：Combating automatic prejudice with images of admired and disliked individuals. *Journal of Personality and Social Psychology*, **81**（5）, 800-814.

Devine, P. G.（1989）. Stereotyping and prejudice：Their automatic and controlled components. *Journal of Personality and Social Psychology*, **56**, 5-18.

Devos, T.（2006）. Implicit bicultural identity among Mexican American and Asian American college students. *Cultural Diversity and Ethnic Minority Psychology*, **12**, 381-402.

Dotsch, R., & Wigboldus, D. H. J.（2008）. Virtual prejudice. *Journal of Experimental Social Psychology*, **44**, 1194-1198.

遠藤辰雄・井上祥治・蘭　千壽（1992）．セルフ・エスティームの心理学——自己価値の探求——　ナカニシヤ出版

Farnham, S. D.（1999）. *From implicit self-esteem to in-group favoritism*. Unpublished doctoral dissertation, University of Washington, Seattle, WA.

Glick, P., & Fiske, S. T.（1996）. The Ambivalent Sexism Inventory：Differentiating hostile and benevolent sexism. *Journal of Personality and Social Psychology*, **70**（3）, 491-512.

Greenwald, A. G., & Banaji, M. R.（1995）. Implicit social cognition：Attitudes, self-esteem, and stereotypes. *Psychological Review*, **102**, 4-27.

Greenwald, A. G., Banaji, M. R., Rudman, L. A., Farnham, S. D., Nosek, B. A., & Mellot, D. S.（2002）. A unified theory of implicit attitudes, beliefs, self-esteem and self-concept. *Psychological Review*, **109**, 3-25.

Greenwald, A. G., & Farnham, S. D.（2000）. Using the Implicit Association Test to measure self-esteem and self-concept. *Journal of Personality and Social Psychology*, **79**（6）, 1022-1038.

Greenwald, A. G., Klinger, M. R., & Liu, T. J.（1989）. Unconscious processing of dichoptically masked words. *Memory and Cognition*, **17**, 35-47.

Greenwald, A. G., McGhee, D. E., & Schwartz, J. K. L.（1998）. Measuring indi-

引用文献

Arcuri, L., Castelli, L., Galdi, S., Zogmaister, C., & Amadori, A. (2008). Predicting the vote：Implicit attitudes as predictors of the future behavior of decided and undecided voters. *Political Psychology*, **29** (3), 369–387.

Asendorpf, J. B., Banse, R., & Mücke, D. (2002). Double dissociation between implicit and explicit personality self-concept：The case of shy behavior. *Journal of Personality and Social Psychology*, **83** (2), 380–393.

Ashburn-Nardo, L., Voils, C. I., & Monteith, M. J. (2001). Implicit associations as the seeds of intergroup bias：How easily do they take root? *Journal of Personality and Social Psychology*, **81** (5), 789–799.

Banse, R., Seise, J., & Zerbes, N. (2001). Implicit attitudes toward homosexuality：Reliability, validity, and controllability of the IAT. *Zeitschrift für Experimentelle Psychologie*, **48**, 145–160.

Bargh, J. A. (1994). The four horsemen of automaticity：Awareness, intention, efficiency, and control in social cognition. In R. S. Wyer, Jr., & T. K. Srull (Eds.), *Handbook of social cognition*. 2nd ed. Hillsdale, NJ：Lawrence Erlbaum Associates. pp. 1–40.

Bargh, J. A., & Kimberly, B. (1996). Automaticity in action：The unconscious as repository of chronic goals and motives. In P. M. Gollwitzer, & J. A. Bargh (Eds.). *The psychology of action：Linking cognition and motivation to behavior*. New York, NY：Guilford Press. pp. 457–481.

Blair, I. V., Ma, J. E., & Lenton, A. P. (2001). Imagining stereotypes away：The moderation of implicit stereotypes through mental imagery. *Journal of Personality and Social Psychology*, **81** (5), 828-841.

Bluemke, M., & Friese, M. (2008). Reliability and validity of the Single-Target IAT (ST-IAT)：Assessing automatic affect towards multiple attitude objects. *European Journal of Social Psychology*, **38**, 977–997.

Bosson, J. K., Swann, W. B., & Pennebaker, J. W. (2000). Stalking the perfect measure of self-esteem：The blind men and the elephant revisited? *Journal of Personality and Social Psychology*, **79**, 631–643.

Brunel, F. F., Tietje, B. C., & Greenwald, A. G. (2004). Is the Implicit Association Test a valid and valuable measure of implicit consumer social cognition? *Journal of Consumer Psychology*, **14** (4), 385–404.

Chee, M. W. L., Sriram, N., Soon, C. S., & Lee, K. M. (2000). Dorsolateral pre-

著者略歴

潮村《しおむら》　公弘《きみひろ》

1965年　山口県に生まれる

1989年　東北大学文学部卒業

1993年　東北大学大学院文学研究科博士課程後期単位修得退学

現　在　フェリス女学院大学文学部教授　博士（文学）

主要編著書

『社会心理学概説』（共編著）（北大路書房，2007）

『社会的認知研究のパースペクティブ――心と社会のインターフェイス』（分担執筆）（培風館，2004）

『認知の社会心理学』（分担執筆）（北樹出版，2004）

『〈教科書〉社会心理学』（分担執筆）（北大路書房，2000）

『メソッド／社会学――現代社会を測定する』（分担執筆）（川島書店，1996）

セレクション社会心理学—29

自分の中の隠された心
——非意識的態度の社会心理学——

2016年4月25日© 初 版 発 行

著 者 潮 村 公 弘

発行者 森 平 敏 孝
印刷者 山 岡 景 仁
製本者 小 高 祥 弘

発行所 株式会社 サイエンス社
〒151-0051 東京都渋谷区千駄ヶ谷1丁目3番25号
営業 ☎(03) 5474-8500(代) 振替 00170-7-2387
編集 ☎(03) 5474-8700(代)
FAX ☎(03) 5474-8900

印刷 三美印刷 製本 小高製本工業
《検印省略》

サイエンス社のホームページのご案内
http://www.saiensu.co.jp
ご意見・ご要望は
jinbun@saiensu.co.jp まで.

ISBN978-4-7819-1379-7

PRINTED IN JAPAN